donné la perfection , la solidité ; c'est à vous que nous devons les fruits que nous retirons de cette liberté !... Vous voyez, MON GÉNÉRAL, qu'en détaillant les événemens de la révolution de Paris , et les suites de cette Révolution , c'est votre conduite si sage , si droite , si désintéressée que je trace !... et que je ne suis que simple Rédacteur.

Vous avez daigné me permettre, MON GÉNÉRAL, de vous présenter cette foible esquisse : puisse-t-elle, si jamais elle parvient à la postérité à la faveur de votre nom , puisse-t-elle lui être un sûr garant de l'estime et de la considération que vos vertus guerrières et patriotiques vous ont acquises sur tous les cœurs dont je ne suis ici que l'interprète !

J'ai l'honneur d'être , avec le plus parfait dévouement,

MON GÉNÉRAL,

Votre très - humble & très obéissant serviteur et soldat, DUCRAY DU MINIL, Caporal de la Garde-Citoyenne-Parisienne.

LE
SENS COMMUN,
ADRESSÉ
AUX HABITANS
DE L'AMÉRIQUE.

LE SENS COMMUN,

ADRESSÉ

AUX HABITANS

DE L'AMÉRIQUE,

Par Thomas Paine,

Secrétaire du Congrès pour les Affaires étrangères, pendant la guerre de l'Amérique, et Membre de la Convention Nationale de France, en 1792.

Traduit sur la dernière édition, publiée à Londres, par l'Auteur.

———

A PARIS,

Chez **BUISSON**, Libraire, rue Haute-Feuille, N°. 20.

1793.

INTRODUCTION.

Peut-être que les sentimens, contenus dans cet Ecrit, ne sont pas assez à la mode pour obtenir les suffrages de tout le monde. La longue habitude de croire qu'une chose n'est pas injuste, lui donne une apparence de justice, et fait élever d'abord un cri général en faveur de l'usage. Mais le tumulte s'appaise : le temps convertit plus de monde que la raison.

Un long et violent abus du pouvoir est ordinairement ce qui occasionne la recherche des droits sur lesquels ce pouvoir est fondé ; et les violences qu'on emploie contre ceux qui font ces recherches, les entraînent toujours plus loin qu'ils n'avoient intention d'aller. Le roi d'Angleterre a cru avoir le droit de soutenir le parlement, dans ce que celui-ci appelle aussi ses droits; et le peuple Américain étant excessivement opprimé par le roi et le parlement, il est indubitablement fondé à discuter les prétentions de l'un et de l'autre, et à rejetter également leurs actes.

L'auteur de cette brochure a évité avec soin tout ce qui est personnel. On n'y trouvera ni compliment, ni censure particulière. Le sage, l'homme de bien n'a pas besoin des éloges d'un pamphlet: et ceux dont les opinions sont injustes et contraires aux avantages de leur pays, reviendront d'eux-mêmes; ou il seroit inutile de chercher à les convertir.

La cause de l'Amérique est à beaucoup d'égards la cause du genre humain. Plusieurs circonstances prouvent déjà, (et il s'en élèvera beaucoup d'autres à l'appui,) que tous ceux qui chérissent l'humanité, doivent prendre part à notre querelle et à nos succès. Désoler un pays avec le fer et le feu, déclarer la guerre aux droits les plus naturels de l'homme, exterminer de paisibles citoyens : voilà à quoi doit s'intéresser quiconque a reçu de la nature le pouvoir de sentir ; et c'est dans cette classe que se range l'auteur de cet Ecrit, en dépit de tout esprit de parti.

P. S. Cette nouvelle édition a été retardée, pour pouvoir répondre à ceux qui entreprendroient de combattre la doctrine de l'indépendance de l'Amérique. Mais comme personne ne s'est présenté, ni probablement ne se présentera, je me hâte de publier mon Ecrit.

Philadelphie, le 14 février 1776.

LE
SENS COMMUN.

CHAPITRE PREMIER.

De l'Origine et du But du Gouvernement en général, avec quelques remarques sur la Constitution angloise.

Quelques écrivains ont tellement confondu la société et le gouvernement, qu'il est maintenant très-difficile de distinguer ces deux choses. Cependant elles diffèrent entr'elles, et par leurs principes et par leur origine. La société est le résultat de nos besoins, et le gouvernement de notre perversité. Le premier nous offre positivement le bonheur par l'union et l'amour de ses divers membres ; l'autre nous l'assure *négativement* en réprimant nos vices : l'un excite la concorde ; l'autre

A.

crée des distinctions : enfin, le premier protège ; le second punit.

L'ordre social est toujours un bien ; mais le meilleur gouvernement est un mal nécessaire, et le plus mauvais un mal insupportable ; car lorsque dans un gouvernement nous endurons les mêmes maux, auxquels nous serions exposés dans un pays qui seroit sans gouvernement, nos souffrances sont augmentées par la réflexion, qui nous montre que nous en sommes nous-mêmes les auteurs. Le gouvernement, ainsi qu'un vêtement, est la preuve que notre innocence est perdue. Les palais des rois ont été bâtis sur les débris des berceaux d'Eden. Quand l'homme écoutoit docilement les impulsions d'une conscience pure, égale, il n'avoit pas besoin d'autre législateur : mais en changeant, il a senti qu'il étoit nécessaire de céder une partie de sa propriété naturelle pour concourir aux moyens de pouvoir conserver le reste ; et en cela il n'a fait que suivre cette prudence, qui, toutes les fois qu'il est forcé de choisir entre deux maux, le porte à préférer le moindre. Le gouvernement n'ayant donc qu'un seul but, celui d'une sûreté générale, il s'ensuit que celui qui , par sa forme , paroît le plus propre à garantir cette sûreté , avec le moins de dépenses et le plus d'avantages, est préférable à tous les autres.

Pour nous former une idée simple et juste des principes et des motifs d'un gouvernement, supposons un petit nombre de personnes se rencontrant dans un coin écarté de la terre, et n'ayant aucun rapport avec le reste de ses habitans. Ces gens nous représenteront les premières peuplades des diverses contrées de la terre, ou même celles du monde entier. Dans cet état de liberté naturelle, la société sera leur premier objet. Mille motifs différens les y exciteront ; les forces de l'homme toujours si peu proportionnées à ses besoins ; la nature de son ame si peu faite pour une solitude continuelle, et sans cesse portée à rechercher des consolations et des secours auprès d'un autre être, qui, à son tour, éprouve les mêmes besoins. Quatre ou cinq de ces infortunés rendront , en se réunissant , leur séjour supportable au milieu du plus vaste désert. Mais un seul ne pourroit y rien faire. Quand il auroit abattu un arbre pour se construire une maison , il n'auroit pas la force de le charrier ; et s'il le charrioit, il lui seroit impossible de le faire tenir debout. La faim le détourneroit à tout instant de son travail, et chaque besoin différent le conduiroit en différens endroits. Que dis-je ? les maladies, le malheur appelleroient bientôt la mort ; et il aimeroit, sans doute, mieux périr que de supporter une si triste vie.

La nécessité, semblable à la puissance de la gravitation, réuniroit donc bientôt nos nouveaux émigrans dans un état de société, dont les avantages leur suffiroient, et rendroient les loix et le gouvernement inutiles, tandis qu'ils resteroient parfaitement justes les uns envers les autres. Mais comme rien sur la terre ne peut demeurer exempt de vice, il est indubitable qu'à mesure qu'ils surmonteroient plus aisément les premières difficultés de l'émigration, ils se relâcheroient de leurs devoirs et de leur attachement mutuels, et ce changement leur indiqueroit la nécessité d'établir un gouvernement quelconque, pour remédier à l'oubli des vertus.

C'est au pied d'un grand arbre, que la nouvelle colonie établiroit d'abord sa maison d'état, et qu'elle se rassembleroit pour délibérer sur les affaires publiques. Il est probable que leurs premières loix n'auroient que le titre de réglemens, et n'indiqueroient d'autre punition que le mépris. Dans ce premier parlement, chaque membre de la république siégeroit par un droit naturel.

Cependant à mesure que la colonie deviendroit plus nombreuse, l'intérêt public croîtroit ; et la distance qui sépareroit la demeure des divers colons, les empêcheroit de pouvoir tous se réunir, à chaque occasion, dans un même endroit, comme lorsqu'ils étoient peu, que leurs habitations étoient rapprochées, et que les affaires publiques n'étoient pas de grande conséquence. Alors ils consentiroient à nommer pour l'administration des loix et des affaires, quelques-uns d'entr'eux, qui seroient supposés avoir les mêmes intérêts que ceux qui les auroient choisis, et qui pourroient agir de la même manière, que si toute la république se réunissoit. Si la colonie croissoit encore, il faudroit augmenter à proportion le nombre des représentans ; et pour que l'intérêt d'aucune partie de l'état ne fût lésé, on le diviseroit en cantons, qui chacun nommeroit un nombre convenable de députés.

A 3

Pour que les représentans n'eussent pas bientôt un intérêt différent de celui des électeurs, la prudence dicteroit de renouveller souvent les élections ; car étant obligés de revenir, au bout de quelques mois, parmi leurs concitoyens, la crainte d'y être mal accueillis, seroit un garant de la fidélité de leur conduite. Comme ces changemens fréquens établiroient un intérêt commun entre toutes les parties de l'état, elles se secourroient naturellement les unes les autres ; et c'est delà, non du titre insignifiant do roi, que dépend la force du gouvernement, et le bonheur de ceux qui sont gouvernés.

Voilà donc l'origine et l'institution du gouvernement. Il n'est fondé que sur l'inefficacité de nos vertus morales pour régir le monde. Voici en même temps les principes et le but du gouvernement, c'est d'assurer notre liberté et notre tranquillité ; et quelqu'éclat qui éblouisse nos yeux, quelque bruit qui frappe nos oreilles, quoique le préjugé change nos volontés, et l'intérêt obscurcisse notre entendement, la simple voix de la nature et de la raison dit que ce but seul est juste.

(7)

J'ai tiré mon idée de la forme du gouvernement d'un principe naturel, qu'aucun
art ne peut changer ; c'est que plus une
chose est simple, moins elle est sujette à
se déranger ; et si elle se dérange, plus
elle est facile à réparer : et sans perdre de
vue cette maxime, je vais offrir quelques
remarques sur la constitution si vantée de
l'Angleterre. Je conviens d'abord que cette
constitution étoit belle, pour le siècle d'esclavage et de ténèbres où elle fut faite.
Le despotisme couvroit la terre, et il y
avoit beaucoup de danger et de gloire à lui
en dérober une partie. Mais il est également aisé de démontrer que la constitution
angloise est imparfaite, occasionne des
troubles continuels, et ne peut procurer le
bien qu'elle semble promettre.

Les gouvernemens absolus, quoique honteux pour la nature humaine, ont du moins
un avantage, c'est qu'ils sont simples. Si
les peuples souffrent, ils savent toujours
la source d'où coulent leurs maux, ils n'en
ignorent pas le remède, et ils ne peuvent
être trompés par la diversité des causes et
des moyens de les guérir. La constitution
d'Angleterre, au contraire, est tellement

compliquée , que toutes les fois que la nation éprouve quelqu'injustice , il faut plusieurs années pour qu'elle découvre de quelle part cette injustice naît. L'un dit que c'est d'ici , l'autre que c'est delà ; et chaque médecin politique offre une manière différente de guérir le mal.

Je sais qu'il est bien difficile de détruire des préjugés antiques et nationaux. Cependant si nous nous permettons d'examiner les parties qui composent la constitution angloise, nous verrons qu'elles ne sont que les débris de deux anciennes tyrannies , mêlées avec quelques maximes républicaines.

1°. Nous y voyons les restes de la tyrannie monarchique dans la personne du roi.

2°. Les restes de la tyrannie aristocratique dans la personne des pairs.

3°. Les principes modernes et républicains dans les communes, dont la vertu répond seule de la liberté de l'Angleterre.

Les deux premiers sont héréditaires , et conséquemment indépendans du peuple ; et dans un sens constitutionnel, ils ne contribuent certainement en rien à la liberté de l'état. Ainsi il est ridicule de dire que la constitution d'Angleterre est composée de trois pouvoirs, qui se répriment réciproquement : ou ces mots n'ont point de sens, ou ils se contredisent.

Dire que l'autorité des communes est un frein pour la puissance royale, suppose deux choses :

Premiérement, qu'on ne peut pas avoir confiance dans le roi, sans le surveiller de très-près ; ou, en d'autres termes, que la soif du pouvoir absolu est la maladie naturelle de tous les rois.

En second lieu, que les communes, puisqu'elles sont chargées de surveiller le roi, doivent être plus sages et plus dignes de confiance que le monarque.

Mais comme la constitution qui donne aux communes le pouvoir d'arrêter le roi, en lui refusant des secours d'argent, donne après cela au roi le pouvoir de rendre nulles toutes les délibérations des communes, en rejettant leurs autres bills, il faut supposer qu'alors le roi devient plus sage que ceux qui avoient été d'abord jugés plus sages que lui ; ce qui est une étrange absurdité.

Il y a une chose vraiment bizarre dans

l'institution de la monarchie. On refuse d'a-
bord à un homme tout moyen d'instruction,
et on donne ensuite à ce même homme le
pouvoir d'agir dans des cas où le plus profond jugement est nécessaire. L'état d'un roi
l'empêche absolument de connoître le monde,
et les affaires exigent qu'il le connoisse
parfaitement. Ainsi ces contradictions per-
pétuelles dans une même chose, prouvent
que cette chose est absurde et inutile.

Voici comment quelques écrivains ont
expliqué la constitution angloise. « Le roi,
disent - ils , est un pouvoir, le peuple
l'autre. Les pairs sont du côté du roi, les
communes du côté du peuple ». Mais alors
cela ressemble à une maison où règne la
discorde; et quoique cette définition paroisse
d'abord faite assez élégamment, on trouve,
en l'examinant ensuite avec réflexion, que
les mots en sont vagues et équivoques. On
voit enfin que les phrases les mieux arrangées , lorsqu'elles sont appliquées à des
choses qui ne peuvent exister, ou qui sont
en quelque sorte incompréhensibles, n'of-
frent que des sons qui peuvent bien flatter
l'oreille , mais qui certes ne disent jamais
rien à l'esprit.

La prétendue explication, dont je viens de parler, fait naître une question : *Comment se fit-il que le roi fut revêtu d'un pouvoir auquel le peuple craint de se confier, et qu'il est sans cesse obligé de réprimer?* Un tel pouvoir ne put être donné par un peuple sage, et aucun pouvoir qui a besoin de répression, ne peut venir de Dieu. Cependant la constitution angloise suppose l'existence de ce pouvoir.

Mais tout cela n'est qu'un tissu de contradictions et d'inconséquences. Car comme dans la balance le plus grand poids doit nécessairement emporter le moindre, et que dans une machine toutes les roues doivent être mises en mouvement par une première, il s'agit de savoir quel des pouvoirs de la constitution angloise a le plus de poids; car c'est celui qui doit gouverner : et quoique les autres ou au moins une partie d'entr'eux puissent l'embarrasser, ou, comme on dit, ralentir la rapidité de son mouvement, s'ils ne peuvent pas l'arrêter tout-à-fait, leurs efforts seront inutiles. Il va toujours droit à son but, et il y arrivera un peu plutôt ou un peu plus tard.

Il est certainement inutile de dire que la royauté est dans la constitution angloise le pouvoir prépondérant ; et que ce qui lui donne cette prépondérance est la faculté d'accorder des places et des pensions. Dans le même temps où nous avons paru assez sages pour fermer la porte à la monarchie absolue, nous avons fait la folie de donner la clef de la serrure au monarque.

Le préjugé des Anglois en faveur de leur gouvernement composé d'un roi, des pairs et des communes, est un effet de l'orgueil national, et ne peut être autorisé par la raison. En Angleterre, les personnes sont, sans contredit, plus en sûreté que dans quelques autres pays ; mais la volonté du roi n'y fait pas moins la loi qu'en France. Il y a une seule différence ; c'est qu'au lieu de sortir directement de sa bouche, elle paroît sous la forme d'un bill émané du parlement.

Le sort de Charles Ier. a rendu les rois plus rusés, mais non pas plus justes.

Toutefois, en laissant de côté tout orgueil, tout préjugé national, la vérité est que, si le roi n'est pas aussi despote en Angleterre qu'en Turquie, on le doit à la

constitution du peuple, et non à la constitution du gouvernement.

La recherche des erreurs constitutionnelles
dans la forme du gouvernement Britannique,
est en ce moment très - nécessaire ; mais
comme nous ne sommes jamais disposés à
bien rendre justice aux autres, tandis que
nous avons quelqu'intérêt contraire, nous ne
pouvons pas non plus nous rendre justice à
nous-mêmes, si nous restons entravés dans
les fers du préjugé. L'homme attaché à une
prostituée est incapable de distinguer et de
juger une femme honnête : ainsi toute pré-
vention en faveur d'une constitution cor-
rompue, ne nous permet pas d'en discerner
une bonne.

CHAPITRE II.

De la Monarchie et de la Succession héréditaire.

Les hommes étant tous égaux dans l'ordre de la création, leur égalité ne put être détruite que par diverses causes, parmi lesquelles on peut compter sans doute la distinction du riche et du pauvre, qui eut alors lieu, sans qu'on connût les noms désagréables d'oppression et d'avarice. L'oppression est souvent l'effet des richesses, mais jamais le moyen de les acquérir; et si l'avarice empêche un homme de tomber dans l'extrême indigence, elle le rend trop craintif pour qu'il puisse jamais devenir très riche.

Mais il y a ensuite un autre grand coup porté à l'égalité, et qu'on ne peut justifier par aucune raison naturelle, ni religieuse : ce coup est la distinction des hommes entre rois et sujets. La nature a distingué les mâles

et les femelles; Dieu les bons et les méchans : mais comment parut-il dans le monde
une race d'hommes aussi élevés au-dessus
des autres, et regardés comme une espèce
nouvelle ? Il est juste d'en rechercher l'origine, et d'examiner s'ils sont créés pour le
bonheur ou le malheur du genre humain.

En nous en rapportant à l'Écriture sainte,
nous voyons que dans les premiers âges du
monde il n'y avoit point de rois. Aussi, par
une conséquence naturelle, n'y avoit-il
point de guerre ; l'orgueil seul des rois
livra le genre humain à la discorde. La Hollande, délivrée des rois, a joui, dans ce
siècle, de plus d'années de paix que tous les
royaumes de l'Europe ensemble. L'antiquité
nous fournit de pareils exemples; la vie
tranquille et pastorale des premiers patriar-
ches a quelque chose d'heureux, qui dispa-
roît dès qu'on arrive à l'histoire des rois
juifs.

Les payens furent les prem'ers qui insti-
tuèrent le gouvernement des rois ; et les
enfans d'Israël les imitèrent bientôt. L'enfer
ne pût rien produire de plus capable de
faire prospérer l'idolatrie. Les payens ado-
roient les rois après leur mort. Les chré-

tiens ont depuis renchéri sur les payens, car ils adorent leurs monarques pendant leur vie. Eh! combien est impie le titre de *sacrée majesté*, appliqué à un ver qui, malgré sa vaine splendeur, rampe encore dans la poussière!

Les droits de la nature ne permettent point qu'on élève autant un homme audessus des autres, et l'autorité de l'Écriture ne peut justifier cette élévation ; au contraire, l'Eternel a déclaré, par la bouche de Gédéon et de Samuel, qu'il désapprouvoit le gouvernement des rois. Tous les passages qu'on rencontre dans la Bible, contre les rois, ont été adoucis dans les gouvernemens monarchiques ; mais ils méritent certainement l'atte on des nations qui sont encore à même de former leur gouvernement. —— «Rendez à César ce qui appartient à César», est la doctrine des cours. Cependant cette maxime n'a point été faite pour un gouvernement monarchique, car les Juifs étoient alors sans rois, et sous le joug des Romains.

D'après la Bible, le monde avoit été créé depuis près de trois mille ans, lorsque les Juifs, égarés, s'avisèrent de demander un roi.

roi. Jusqu'alors leur gouvernement, excepté
dans quelques cas où le Tout-Puissant inter-
venoit lui-même , avoit été une espèce de
république, gouvernée par un juge et les
anciens des tribus. Ils ne connoissoient
point de rois, et il eût été criminel de donner
ce titre à tout autre qu'au Dieu des armées.
Et quand un homme réfléchit un peu à l'idolatrie avec laquelle on flatta les rois, il n'est
point surpris que l'Eternel, toujours jaloux
de sa gloire , condamne une espèce de gouvernement assez impie pour s'arroger les
droits du ciel même.

L'Écriture met la monarchie au rang des
péchés des Israélites , et en conséquence elle
les maudit. Ce passage est vraiment digne
d'attention.

Les Hébreux étant opprimés par le peuple
de Madian, Gédéon marcha contre lui ; et
soutenu par l'Eternel, il le vainquit avec
une très-petite armée. Enchantés d'un si
grand succès, les Hébreux en attribuèrent
toute la gloire au courage de Gédéon , et
ils lui proposèrent de le faire roi, en s'é-
criant : « Règne sur nous, toi et ton fils , et
» les fils de ton fils ». C'étoit un puissant
motif de tentation : non-seulement posséder

soi-même un royaume , mais en pouvoir
laisser l'héritage à ses enfans ! Mais Gédéon,
dont le cœur étoit droit et pieux , répondit :
« Je ne veux point régner sur vous , et mon
» fils n'y régnera point ; L'ÉTERNEL SEUL
» RÉGNERA SUR VOUS ». Ces dernières paroles
n'ont point besoin d'être expliquées. Gédéon
ne refusoit pas précisément l'honneur de
régner ; mais il dénioit aux Juifs le droit
de l'accorder. Il ne les remercie point, il
ne leur fait pas de vains complimens; mais
il les reprend en prophète d'oublier que le
roi du ciel règne sur eux.

Environ cent trente ans après, les Hébreux
retombèrent dans la même erreur. Le pen-
chant qu'ils avoient pour les coutumes ido-
lâtres des payens, est inexprimable. Profitant donc de l'inconduite des deux fils de
Samuel, ils accoururent tumultueusement
vers le prophète, et lui dirent : « Tu es
» vieux , et tes fils ne marchent point
» dans tes voies; donne-nous un roi, qui
» nous juge, comme en ont toutes les autres
» nations ». —— Ici nous ne pouvons nous
empêcher d'observer combien leur conduite étoit criminelle. Ils demandoient à
être comme toutes les autres nations, c'est-

à dire, comme les payens; eux dont la gloire devoit être de différer entièrement de ces mêmes payens. Samuel fut justement blessé de ce qu'ils lui demandoient un roi pour régner sur eux. « Il invoqua le Seigneur,
» et le Seigneur lui répondit : Ecoute la
» voix de ce peuple : il s'adrésse à toi ; mais
» il ne t'a point rejetté, toi : c'est moi qu'il
» rejette. IL NE VEUT PLUS QUE JE RÈGNE SUR
» LUI. D'après toutes ses œuvres, depuis le
» jour où je l'ai retiré de la captivité d'E-
» gypte, jusqu'à ce jour où il m'a aban-
» donné pour servir d'autres Dieux ;
» ce qu'il a fait même sous toi. Protesto
» solemnellement contre lui ; et montre
» lui de quelle manière un roi régnera sur
» lui ». Ce qui ne veut pas dire la manière
d'un seul roi, mais de tous les rois des autres nations de la terre, que les Israélites étoient si jaloux d'imiter. Malgré la différence des âges cette manière n'a point changé. —
« Et Samuel répéta les paroles du Seigneur
» au peuple, qui demandoit un roi ; et il
» dit : voici de quelle manière le roi ré-
» gnera sur vous. Il prendra vos fils, et les
» emploiera, les uns à conduire ses cha-
» riots, les autres à soigner ses chevaux,

» les autres à courir devant son char ». (*ma-*
nière de traiter les hommes qui est encore
à la mode) « Il nommera des capitaines
» de mille hommes ; il en nommera de
» cinquante. Il les obligera de labourer ses
» champs, de recueillir ses moissons, de
» faire ses instrumens de guerre, et les
» ustensiles de ses chariots : et il prendra
» vos filles pour faire sa cuisine, son pain
» et les choses délicates qu'on servira sur sa
» table ». (*Ceci montre les dépenses, le luxe*
et l'oppression des rois.) — « Et il prendra
» vos champs et les endroits où vous re-
» cueillez vos olives, même les meilleurs,
» pour les donner à ses domestiques ; et
» il prendra la dîme de vos moissons et
» de vos raisins, pour les donner à ses offi-
» ciers et à ses serviteurs ». (*Ce qui prouve,*
que la faveur, la corruption sont les vices
ordinaires des rois.) « Et il prendra le
» dixième de vos serviteurs et de vos ser-
» vantes, ainsi que de vos jeunes hommes,
» et de vos ânes pour les faire travailler
» pour lui ; et il prendra le dixième de vos
» moutons, et vous serez ses serviteurs ;
» et ce jour - là vous crierez pour vous
» plaindre du roi que vous aurez choisi ;

» ET LE SEIGNEUR NE VOUDRA POINT VOUS
» ENTENDRE ».

Ceci suffit pour montrer quelle fut l'histoire de la monarchie juive. Les vertus de quelques rois hébreux ne suffisent point pour justifier la royauté, ni faire oublier le crime de son origine. L'éloge que l'Ecriture fait de David ne dit point qu'il fut légitimement roi, mais un homme selon le cœur de Dieu. —— « Cependant les Israélites re
» fusèrent d'obéir à la voix de Samuel, et
» ils dirent : nous voulons avoir un roi pour
» régner sur nous, afin d'être comme tous
» les autres peuples, et que notre roi
» marche devant nous et qu'il livre des
» batailles ».

Samuel leur fit encore des représentations, mais en vain. Il leur reprocha leur ingratitude, et ne les corrigea pas. Enfin, voyant qu'ils s'opiniâtroient dans leur folie, il s'écria : « J'invoquerai le Seigneur, et il fera
» tomber le tonnerre et la pluie ». (*Ce qui eût été une punition pour eux, car c'étoit au moment de la récolte du froment.*)
« Afin que vous puissiez connoître que
» votre crime est grand aux yeux du Sei
» gneur, puisque vous avez demandé un

» roi. Samuel s'adressa donc à Dieu,
» et Dieu fit tomber ce jour-là le ton-
» nerre et la pluie ; et tout le peuple eut
» grand'peur du Seigneur et de Samuel.
» Et le peuple dit alors à Samuel : Prie le
» Seigneur pour tes serviteurs, afin que
» nous ne mourions pas ; CAR NOUS AVONS
» AJOUTÉ A NOS PÉCHÉS EN DEMANDANT UN
» ROI ».

Ces passages de l'Ecriture sont clairs et positifs, et ne présentent aucune équivoque. Il paroît par-là, ou que l'Eternel a condamné la royauté, ou que l'Ecriture est fausse ; et nous avons grande raison de croire que dans les pays catholiques, l'intérêt des rois n'a pas moins servi que l'intérêt des prêtres à empêcher que l'Ecriture fût répandue en langue vulgaire ; car la royauté est à tous égards un papisme politique.

Au malheur d'avoir un monarque, nous avons ajouté le malheur d'une succession héréditaire ; et comme la première de ces choses est un oubli, une dégradation de nous-mêmes, le second, regardé comme un droit, est une insulte à la postérité. Tous les hommes étant originairement égaux, aucun d'eux n'a le droit de donner à sa famille le pouvoir de régner éternellement sur les autres ; et si lui-même peut mériter que ses contemporains l'honorent, ses descendans peuvent aussi être indignes de partager ses honneurs. De toutes les preuves contre le droit héréditaire que s'arrogent les rois, une des plus fortes, c'est que la nature même le condamne ; autrement elle ne feroit pas aussi souvent sentir le ridicule de ce droit, en donnant au genre humain un âne pour un lion.

Secondement, comme aucun homme ne peut jouir d'autres honneurs publics que de ceux qu'on lui accorde, ceux qui décernent ces honneurs n'ont aucun titre pour blesser les droits de la postérité ; et quoiqu'ils soient maîtres de dire : « Nous vous choisissons » pour notre chef » ; ils ne peuvent pas sans être manifestement injustes envers leur race, ajouter : « Que vos enfans et les enfans de » vos enfans règnent sur nous à jamais ». Car cet engagement inique et dénaturé pourroit peut-être, dès le second règne, les soumettre à un scélérat ou à un fou. Les hommes les plus sages ont toujours, en secret, parlé de la monarchie héréditaire, avec le plus profond mépris. Cependant c'est un de ces

maux auxquels il est bien difficile de remédier, quand ils ont une fois pris racine
dans un pays. Quelques hommes les endu-
rent par crainte ; d'autres par superstition ;
et la plus grande partie partage avec le roi
les dépouilles du reste.

Jusqu'à présent nous avons supposé à la
race des rois une honorable origine : mais
il est probable que si nous avions pu fouiller
dans les ténèbres de l'antiquité, nous aurions vu que le premier d'entr'eux n'étoit
que le plus déterminé de quelques hordes
de brigands, à qui sa férocité, son adresse
à piller, obtinrent le titre de chef, et dont
le pouvoir s'accrut à mesure qu'il étendit
les dévastations, et qu'il força les hommes
timides et paisibles à acheter leur repos par
des tributs fréquens. Cependant ceux qui
l'élurent, ne pouvoient songer à lui donner
un droit héréditaire sur leurs descendans,
parce que ce renoncement éternel étoit in-
compatible avec les principes de liberté et
d'indépendance, qu'ils prétendoient avoir.
Dans les premiers temps où il y eut des
rois, l'hérédité du trône ne put pas être
regardée comme un droit ; mais comme une
chose qui pouvoit avoir lieu, et qu'on

devoit quelquefois espérer. Certes, on ne tenoit point alors de registres de ce qui se faisoit; on n'avoit que des traditions, dans lesquelles la vérité étoit bientôt étouffée sous la fable ; et au bout de quelques générations, il fut bien aisé d'inventer quelque conte, propre à ces temps, comme ceux de Mahomet l'étoient au sien, et de faire croire au vulgaire que l'hérédité du sceptre étoit un droit réel. Peut-être les désordres dont on fut menacé à la mort de quelque chef, ou pendant l'élection d'un autre, (car parmi des brigands les élections ne doivent pas être bien tranquilles) enga-gèrent une partie d'entr'eux à favoriser l'hérédité ; d'où il est survenu qu'une chose, à laquelle on s'étoit soumis , parce qu'on la croyoit convenable, a été regardée depuis comme un droit.

Depuis l'invasion de Guillaume-le-Nor-mand, l'Angleterre n'a eu que très-peu de bons rois, mais elle a gémi sous un grand nombre de tyrans. Cependant nul homme raisonnable ne peut dire que le droit de régner, qu'ils doivent à Guillaume, soit très-bien fondé. Un bâtard françois qui , à la tête d'une armée de bandits , passe en

Angleterre, et s'y établit roi, malgré les gens du pays, est en propres termes, un honteux et détestable modèle ; et on ne peut trouver en lui rien de divin. Mais il est inutile de perdre plus de temps à combattre le droit de l'hérédité du trône. S'il se trouve encore quelqu'un assez foible pour y croire, qu'il adore ensemble l'âne et le lion : je n'imiterai sa bassesse, ni ne troublerai sa dévotion.

Cependant je voudrois demander comment on croit qu'ont commencé les rois ? Cette question ne permet que trois réponses. Leur nomination a été tirée au sort, ou elle s'est faite par élection, ou par usurpation. Si le premier roi a été choisi par le sort, ce fut une règle pour le second, et cette règle exclut l'hérédité. Saül fut choisi par le sort ; aussi sa place ne fut-elle point regardée comme héréditaire, et rien n'annonce qu'on eût aucune intention de la regarder comme telle.

Si le premier roi d'un pays quelconque le fut par élection, ce fut également une règle pour le suivant ; car prétendre qu'en choisissant un roi, ou une famille de rois, un peuple a pu s'emparer du droit de toutes les générations futures, c'est ce qu'on ne trouve ni dans l'Ecriture ni hors de l'Ecriture, et qui ressemble à la doctrine du péché originel , qui suppose la volonté de tous les hommes confondue dans celle d'Adam.

Or, une telle comparaison , et c'est la seule qu'on puisse faire, est peu glorieuse pour l'hérédité du trône. De même, dit-on, que tous les hommes ont péché en Adam, la postérité la plus reculée de ceux qui ont choisi un roi , s'est soumise avec eux. Dans l'un, le genre humain a été livré à satan ; dans les autres à la royauté. Notre innocence a été perdue avec l'un ; notre autorité avec les autres : et comme ce double malheur nous empêche de reprendre notre premier état et nos privilèges naturels , il s'ensuit que le péché originel et l'hérédité du trône sont semblables. Cruel rapprochement ! honteuse ressemblance ! Le plus subtil sophiste ne pourroit offrir de comparaison plus vraie.

Quant à l'usurpation, personne, je crois, ne sera assez hardi pour la défendre ; et on ne peut pourtant pas nier que Guillaume-le-Conquérant ne fût un usurpateur. D'ailleurs, à dire la vérité, on ne peut pénétrer dans l'antiquité de la monarchie angloise.

Mais le danger de l'hérédité du trône, intéresse bien autrement le genre humain, que l'absurdité de cette institution. Si elle assuroit une race d'hommes justes et sages, elle seroit empreinte du sceau de la divinité: mais comme elle sert de marchepied à des fous, à des méchans, à des hommes ineptes, elle porte un caractère d'oppression. Les hommes qui se regardent comme nés pour régner, et qui ne considèrent les autres que comme faits pour leur obéir, deviennent bientôt insolens. Séparés du genre humain, en général, leurs cœurs sont empoisonnés de bonne heure par la vanité ; et les gens au milieu desquels ils vivent diffèrent tellement du reste des hommes, qu'ils ne connoissent ordinairement que très-mal le monde et les affaires. Aussi quand ils prennent en main les rênes du gouvernement, sont-ils ordinairement les hommes les plus ignorans et les plus incapables.

L'hérédité du trône a un autre inconvénient : c'est que souvent elle est le partage d'un enfant en bas-âge ; et pendant tout le temps de la minorité, ceux qui ont la régence , peuvent, sous le nom du roi , trahir tout à leur aise les intérêts qui leur sont confiés. Le même malheur arrive lorsqu'un roi, accablé par l'âge et les infirmités , retombe dans l'enfance. Dans ces deux cas , le peuple est toujours victime de tous les scélérats qui ont l'adresse de séduire le roi.

La meilleure chose qu'on ait cru dire pour défendre l'hérédité du trône , c'est qu'elle prévient les guerres civiles : mais il n'y eut jamais rien de plus faux. Toute l'histoire d'Angleterre nous prouve le contraire. Depuis sa conquête , trente rois et deux mineurs sont montés au trône dans ce malheureux royaume ; et pendant cet espace de temps il y a eu, en y comprenant la révolution, huit guerres civiles et dix-neuf révoltes. Ainsi , au lieu d'assurer la paix , l'hérédité semble la détruire.

Les querelles des maisons de Lancastre et d'Yorck , qui se disputoient le trône , ensanglantèrent l'Angleterre pendant une longue suite d'années. Henri et Edouard se livrèrent douze batailles , sans compter les petits combats et les siéges qui eurent lieu. Deux fois Henri fut prisonnier d'Edouard , qui à son tour fut pris par Henri ; et le sort de la guerre est si inconstant, l'esprit d'une nation si changeant, quand les rois se battent pour leurs intérêts particuliers, qu'Henri fut retiré de sa prison et porté en triomphe au palais, tandis qu'Edouard étoit obligé do fuir ce même palais pour se retirer dans une terre étrangère. Mais des changémens aussi soudains durent peu. Henri fut encore chassé du trône, et Edouard rappellé, le parlement suivant toujours le parti du plus fort.

Cette querelle commença en 1422, sous le règne d'Henri VI, et dura jusqu'en 1489, sous Henri VII, qui réunit en lui les droits des deux maisons.

En un mot, la royauté, et le droit de la rendre héréditaire, ont couvert de sang et de cendres, non-seulement la Grande-Bretagne, mais le monde entier. C'est un genre de gouvernement que Dieu même a condamné, et que le malheur suit.

Si nous voulons examiner quelles sont les occupations d'un roi, nous verrons que dans quelques pays il n'en a aucune; et après avoir passé sa vie dans l'oisiveté, sans plaisir pour lui et sans avantage pour son peuple, il cède la place à un successeur qui ne la remplit pas mieux. Dans les monarchies absolues ; tout le poids des affaires civiles et militaires roule sur le roi. Les enfans d'Israël, alors qu'ils demandèrent un roi, dirent : « qu'il puisse nous rendre la justice, » qu'il marche devant nous, et qu'il nous » mène au combat ». Mais dans un pays où le roi n'est ni juge ni général, on est fort embarrassé de dire ce qu'il peut faire.

Le gouvernement qui approche le plus de la république laisse encore moins d'affaires au roi. Il est assez difficile de donner un nom bien appliqué au gouvernement d'Angleterre. Sir William Maredith l'appelle une république ; mais en ce moment, ce gouvernement ne mérite pas ce nom ; car l'influence corruptrice de la couronne qui distribue toutes les places, a tellement fait passer le pouvoir de son côté, et dévoré la vertu de la chambre des communes, (seule partie républicaine de la constitution) que le gouvernement d'Angleterre est presque aussi monarchique que celui de France et d'Espagne. Les hommes citent souvent des noms sans les entendre. C'est de la partie républicaine de leur constitution, et non de la partie monarchique, que les Anglois se vantent. Ils se glorifient de la liberté de choisir parmi eux les membres qui composent la chambre des communes ; et il est aisé de voir que là où les vertus républicaines manquent, l'esclavage commence. Pourquoi la constitution d'Angleterre est-elle malade ? Parce que la monarchie a empoisonné la république. La couronne maîtrise les communes.

En Angleterre, le roi n'a autre chose à faire que déclarer la guerre et donner des places, c'est-à-dire, appauvrir la nation et en faire ce qui lui plaît : magnifique occupation pour un homme à qui on accorde huit cent mille liv. sterlings par an, et qu'on adore encore par-dessus le marché ! O combien un homme juste, qui vit paisiblement dans la société, est plus agréable aux yeux de Dieu, que tous les scélérats couronnés, qui ont fait gémir la terre !

CHAPITRE

CHAPITRE III.

Considérations sur l'état présent des affaires de l'Amérique.

JE n'offrirai ici que des faits simples, des raisonnemens clairs et du sens commun. Je n'ai besoin que de prier le lecteur de se dépouiller de toute espèce de préjugé et de partialité, et de laisser agir sa raison et son cœur sentir. Qu'il prenne le vrai caractère d'homme, ou plutôt qu'il ne l'abandonne pas; et qu'il porte généreusement ses regards au-delà du jour où nous vivons.

On a déjà écrit des volumes sur la querelle de l'Angleterre et de l'Amérique. Des hommes de tous les états sont entrés dans cette dispute par différens motifs et avec des desseins contraires : mais tout cela a été inutile : les écrits ont cessé, et les armes sont le dernier moyen qui doit juger le procès. Le roi a offert le cartel; l'Amérique l'a accepté.

On a rapporté que M. Pelham qui, quoi-qu'habile ministre, n'étoit pas exempt de fautes, se trouvant attaqué dans la chambre des communes, sur ce que ses mesures, re-lativement à l'Amérique, n'étoient que temporaires, il répondit : « *elles useront* » *tout mon temps* ». Si une pensée aussi fatale, aussi inhumaine, a préparé aux colonies la guerre actuelle, la génération future ne doit se rappeller qu'avec horreur le nom de ses ancêtres.

Le soleil n'a jamais éclairé une aussi grande cause. Ce n'est point l'affaire d'une ville, d'un comté, d'une province, d'un royau-me ; mais d'un continent, de la huitième partie du globe habitable : ce n'est point l'intérêt d'un jour, d'une année, d'un sié-cle ; la postérité entière est comprise dans cette querelle ; et elle se ressentira jusqu'à la fin des âges de la manière dont nous la terminerons. Voici maintenant le jour où doit commencer l'union, la foi, l'honneur du continent. La moindre forfaiture seroit semblable à des traits gravés avec un léger poinçon sur l'écorce tendre d'un jeune chêne. Ils croissent avec l'arbre, et la postérité peut les lire en gros caractères.

En quittant les raisonnemens pour prendre les armes, on a commencé un nouvel
ère de politique, on a pris une autre manière de penser. Les plans, les propositions
qui ont précédé le 19 avril, c'est-à-dire,
l'époque des hostilités, sont regardés comme de vieux almanachs, qui, quoiqué
bons pour leur temps, ne valent maintenant plus rien. Tout ce qui a été avancé par
les défenseurs des deux partis, aboutit à
demander la même chose, c'est-à-dire, une
réunion avec la Grande-Bretagne. Mais il
y a une différence entre les deux partis,
sur la manière d'opérer cette réunion. L'un
veut employer la force, l'autre l'amitié; et
il est arrivé que l'un a eu de nouveaux
torts, et l'autre a retiré sa bienveillance.

Comme on a parlé beaucoup de réconciliation, et tout cela s'est évanoui comme un
songe agréable, et nous a laissés au même
point où nous étions, nous allons examiner les argumens contraires et les prin-
cipaux torts que souffriroit l'Amérique,
en restant attachée à la Grande-Bretagne
ou dans sa dépendance. Nous examinerons
enfin cet attachement, cette dépendance,
d'après les principes de la nature et du

sens commun, et nous ferons voir ce que nous avons à espérer en nous séparant de l'Angleterre, et ce que nous devons en attendre en lui restant unis.

J'ai entendu dire à quelques personnes, que l'Amérique devoit les commencemens de sa prospérité à ses rapports avec l'Angleterre; la continuation de ces rapports étoit nécessaire à son bonheur à venir, et auroit toujours le même avantage. Mais rien de plus faux que ce raisonnement. Nous pourrions dire de même que parce qu'un enfant a commencé à prendre sa nourriture avec du lait, il ne doit jamais manger de viande; et que les vingt premières années de notre vie, font une règle pour les vingt suivantes. Mais la base même du raisonnement n'est pas bien fondée; car je soutiens, moi, que l'Amérique n'auroit pas moins prospéré, ou auroit peut-être prospéré davantage, si les puissances européennes n'avoient jamais rien eu à démêler avec elle. Le commerce qui l'a enrichie, est fondé sur des objets de nécessité première, et on trouvera à les vendre aussi long-temps que l'Europe aura besoin de manger.

Mais, dit-on, l'Europe nous a protégés.

Oui : elle nous a mis sous sa dépendance,
et elle a défendu le continent à ses dépens
et aux nôtres ; mais elle auroit aussi défendu
la Turquie par les mêmes motifs, pour les
avantages de son commerce et de sa puissance.

Hélas ! combien les vieux préjugés nous
ont séduits ! combien nous avons sacrifié à
la superstition ! Nous nous vantions de la
protection de l'Angleterre, sans considérer
qu'elle ne nous protégeoit que pour son intérêt et non par attachement ; contre ses
propres ennemis et non contre les nôtres ;
contre ceux, enfin, qui ne nous haïssoient
que par rapport à elle, et qui nous haïroient
toujours pour la même raison. Que la
Grande-Bretagne abandonne ses prétentions
sur le continent, ou que le continent se-
coue le joug de sa dépendance, et nous aurons la paix avec la France et avec l'Espagne, quand ces deux puissances seront en
guerre avec elle. Les malheurs de l'Hanovre,
pendant la dernière guerre, doivent nous
apprendre le danger de ces attachemens.

On a avancé dernièrement dans le parlement d'Angleterre, que les colonies n'a-
voient de rapports entr'elles qu'à cause de

la mère-patrie ; c'est-à-dire, que la Pensylvanie, les Jerseys et les autres provinces se regardoient comme sœurs, parce qu'elles tenoient toutes à la Grande-Bretagne. C'est certainement une manière bien singulière de prouver une parenté ; mais c'en est une bien simple de prouver de l'inimitié. Ni la France, ni l'Espagne ne seront jamais nos ennemis, parce que nous sommes Américains, mais bien parce que nous sommes *sujets de la Grande-Bretagne.*

Mais la Grande-Bretagne est, dit-on, notre mère-patrie. Eh bien ! sa conduite en est plus blâmable. Jamais les bêtes les plus féroces ne dévorent leurs petits ; jamais les sauvages ne font la guerre à leurs enfans. Plus l'assertion seroit vraie, plus elle seroit contre l'Angleterre ; mais elle n'est point vraie, ou du moins elle ne l'est qu'en partie. Le titre de mère-patrie a été jésuitiquement adopté par le roi et ses flatteurs, avec le dessein astucieux de séduire et tromper notre crédule foiblesse.

L'Europe, et non l'Angleterre, est la mère-patrie de l'Amérique. Le nouveau monde a été le refuge de tous les amis de la liberté civile et religieuse, qu'on persécutoit dans l'ancien. Ils ont fui dans ces climats, non pour se dérober aux tendres embrassemens d'une mère, mais aux cruautés d'un monstre ; et c'est si vrai à l'égard de l'Angleterre, que la même tyrannie qui poussa ici les premiers colons, y poursuit encore leurs descendans.

Dans cette vaste partie du globe, nous ne nous resserrons pas dans les limites de trois cent soixante milles (1), nous portons plus loin notre amitié ; nous prétendons à la fraternité de tous les Européens, et nous comptons sur le succès de nos généreux sentimens.

Il est agréable d'observer avec quelle gradation nous surmontons la force des préjugés nationaux, et nous nous familiarisons avec la connoissance du monde. Un homme né dans quelqu'une des villes d'Angleterre, divisées en paroisses, se liera naturellement avec les gens de sa paroisse, dont les intérêts se rapprocheront souvent des siens, et il les appellera *ses voisins*. S'il en rencontre un à quelques milles de chez

______

(1) C'est l'étendue de l'Angleterre.

lui , il franchit les limites étroites du voisinage , et le saluera seulement comme son concitoyen : qu'il aille encore plus loin , il appellera ce même voisin son compatriote , c'est - à - dire , habitant du même comté : mais s'ils voyagent en France ou en Italie , ils ne se reconnoîtront plus que pour Anglois. De même tous les Européens qui se rencontrent en Amérique, ou dans quelqu'autre partie du globe, sont compatriotes. Car l'Angleterre, la Hollande, l'Allemagne, la Suède, comparées avec le reste du monde, sont sur une grande carte, comme des rues, des villes, des comtés sont sur une petite : distinctions trop bornées pour une ame continentale ! Nous n'avons pas, même dans la Pensylvanie, un tiers d'habitans qui descendent des Anglois. Ainsi, je regarde que le titre de mère-patrie, qu'on donne à l'Angleterre seulement, est mal fondé, partial, et fait tort à notre générosité.

Mais en supposant que nous fussions tous d'origine angloise, qu'est-ce que cela voudroit dire ? Rien. L'Angleterre étant maintenant notre *ennemie*, son inimitié efface tout autre nom, tout autre titre ; et il est ridicule de prétendre que la réconciliation est pour nous un devoir. Le premier roi de la Grande-Bretagne, de la race régnante, Guillaume-le-Conquérant, étoit François, et la moitié des pairs d'Angleterre sont sortis de la France. Ainsi, d'après cette manière de raisonner, la France devroit gouverner l'Angleterre.

On a dit et écrit beaucoup de choses sur la force qui résultoit de l'union de l'Angleterre avec ses colonies. On a prétendu qu'ensemble elles pouvoient défier le monde entier ; mais c'est une vaine jactance : le sort de la guerre est toujours incertain ; et d'ailleurs, le continent américain ne consentiroit jamais à s'épuiser d'hommes pour recruter les armées angloises en Asie, en Afrique, en Europe.

D'ailleurs, qu'avons-nous affaire d'inspirer de la défiance au reste du globe ? Nous ne devons nous occuper que du commerce, et en nous y appliquant nous nous assurerons de la paix et de l'amitié de l'Europe entière ; car l'intérêt de l'Europe est que l'Amérique soit libre et ouverte à tous ses vaisseaux. Ici le commerce sera toujours un génie protecteur ; et nos contrées, dépourvues d'or et d'argent, ne tenteront point la cupidité des conquérans.

Je défie celui qui desire le plus une réconciliation, de me montrer qu'il puisse désormais résulter aucun avantage de nos liens avec l'Angleterre; je le défie même de me montrer qu'il en soit jusqu'à présent résulté un seul. Notre bled se vendra dans tous les marchés de l'Europe, et nous paierons avec ses produits les marchandises qu'on importera, de quelque part qu'elles viennent.

Mais les désavantages, les maux que nous souffrons de nos liens avec l'Angleterre, sont sans nombre; et nos devoirs envers le genre humain, ainsi qu'envers nous-mêmes, nous prescrivent de nous affranchir de ces liens. Toute dépendance à l'égard de la Grande-Bretagne, tout attachement pour elle, nous entraîneroit dans des guerres continuelles avec des nations européennes, naturellement disposées à rechercher notre amitié, et contre lesquelles nous n'avons à former aucune plainte particulière. Comme l'Europe entière est un marché pour nous, nous n'avons pas besoin de nous unir exclusivement avec aucun de ses états. Le véritable intérêt de l'Amérique est de ne point se mêler des querelles de l'Europe;

au lieu qu'en dépendant de la Grande-Bretagne, elle seroit toujours le principal poids dans la balance de la politique angloise.

Il y a trop de royaumes en Europe pour que la paix y dure long-temps; et toutes les fois que l'Angleterre entre en guerre avec une autre puissance, le commerce de l'Amérique en souffre, par la seule raison que l'Amérique est liée avec l'Angleterre.

La première guerre qu'aura l'Angleterre peut ne pas se terminer comme la précédente; et si cela arrivoit, certes, ceux qui prêchent maintenant pour une réconciliation, seroient les premiers à desirer une séparation; parce que nos navires marchands seroient mieux convoyés par la neutralité que par des vaisseaux de guerre. Tout nous commande donc de nous séparer de la Grande-Bretagne. Le sang de nos guerriers qui ont succombé, la voix de la nature alarmée, tout nous crie de la quitter. L'Amérique a été placée si loin de l'Angleterre, que cela seul semble prouver que le ciel n'a jamais voulu qu'elles fussent unies. L'époque même où le continent américain fut découvert, et la manière dont il fut peuplé, ajoutent aux raisons que j'avance. La réformation fut précédée par la découverte de l'Amérique, comme si le Tout-Puissant avoit voulu préparer un refuge à ceux qui seroient bientôt persécutés pour leurs opinions, et qui ne pourroient trouver chez eux ni amitié, ni sûreté.

L'autorité de la Grande - Bretagne est pour le continent une sorte de gouvernement despotique qui doit cesser tôt ou tard ; et un esprit réfléchi ne peut voir qu'avec peine que ce qu'on appelle la *présente constitution*, est nécessairement temporaire. Comme pères, nous devons être très-affectés de savoir que ce gouvernement ne durera pas assez pour que nous soyons sûrs que nos enfans jouiront de ce que nous leur laissons ; et, pour raisonner méthodiquement, puisque nous endettons la génération qui nous suivra, nous devons lui préparer les moyens de s'acquitter ; autrement nous aggravons nos torts. Pour bien connoître toute l'étendue de nos devoirs, nous devrions prendre nos enfans par la main, et nous avancer un peu dans la carrière de la vie. De-là, nous jouirions d'un point de vue que nos craintes et nos préjugés nous dérobent à présent.

Quoique je sois bien éloigné de vouloir offenser personne, je ne puis m'empêcher de dire que tous ceux qui embrassent la doctrine d'une réconciliation, doivent être rangés dans les classes suivantes : d'hommes intéressés qui ne méritent aucune confiance ; d'hommes foibles qui ne savent pas voir ; d'hommes à préjugés qui ne veulent pas voir ; et de certains hommes modérés qui pensent des Européens plus de bien qu'ils ne le méritent. Cette dernière classe, par ses jugemens erronés, fera sans contredit plus de tort à l'Amérique que les trois autres.

Beaucoup de gens ont l'avantage de se trouver loin du théâtre de nos désastres : le malheur ne vient pas assez près d'eux, et ils ne sentent pas que dans l'état actuel des choses, l'Américain n'est nullement sûr de sa propriété. Mais transportons-nous un moment à Boston ; l'aspect des calamités nous apprendra à être sages, et à renoncer aux liaisons d'une puissance dont nous devons à jamais nous défier. Les infortunés habitans de Boston, qui vivoient naguères dans l'abondance, sont maintenant réduits à mourir de faim, ou à aller mendier hors de leurs tristes murailles. Ils sont dans l'alternative de périr par le feu de leurs amis s'ils restent dans leur ville, ou d'être pillés par la soldatesque s'ils l'abandonnent. Enfin, ils se trouvent prisonniers sans espoir de délivrance ; et si on vient à leur secours, ils peuvent tomber sous les coups des deux armées opposées.

Les hommes froids, regardent avec trop d'indifférence les injustices de la Grande-Bretagne ; et espérant toujours un meilleur temps, ils sont prêts à s'écrier : « Allons, » allons, nous serons encore amis malgré » ce qui s'est passé ». — Mais considérez les passions de l'homme ; portez la pierre de touche de la nature sur la doctrine de la réconciliation, et dites-moi si vous pourrez jamais aimer, honorer, servir avec fidélité, une puissance qui a porté le fer et le feu dans vos champs ? Si vous ne le pouvez pas, vous vous trahissez donc vous-mêmes, et vous préparez la ruine de votre prospérité. De nouveaux liens avec l'Angleterre, que vous ne pouvez ni aimer, ni honorer, seront des liens forcés, contre nature ; et n'étant fondés que sur un moment de convenance apparente, ils vous rejetteront bientôt dans des maux pires que ceux que vous avez déjà soufferts.

Mais si vous me dites que vous devez oublier les torts des Anglois, je vous demanderai, moi, si votre maison a été brûlée? si vos propriétés ont été ravagées à vos yeux? si vos enfáns n'ont point de lit pour se reposer, ni de pain pour manger? si vous avez perdu un père ou un fils par les mains des soldats? et si vous êtes le dernier de votre famille qui survive à ces désastres? — Si cela n'est pas, vous ne pouvez juger des sentimens de ceux qui ont éprouvé de pareils malheurs; mais si vous les avez éprouvés, et que vous puissiez serrer la main des meurtriers, vous êtes à jamais indigne de porter le nom d'époux, de père, d'ami, d'amant; et quelque soit votre rang, quels que soient vos titres, vous avez le cœur d'un lâche et l'ame d'un sycophante.

Ce n'est point altérer, ce n'est point exagérer les choses, que de les soumettre à ces sentimens, à ces affections que la nature justifie, et sans lesquels nous sommes incapables de remplir les devoirs de la vie et de jouir de ses félicités. Je ne cherche point à inspirer de l'horreur pour pousser à la vengeance ; mais je veux que nous nous réveillions d'un sommeil funeste , et que nous suivions enfin un objet déterminé. Ni l'Angleterre , ni l'Europe entière ne peuvent conquérir l'Amérique , si elle ne prépare pas elle-même sa conquête par ses délais et sa timidité. L'hiver actuel vaut pour nous un siècle , s'il est bien employé ; mais s'il l'est mal , tout le continent s'en ressentira ; et il n'est point de châtiment que ne mérite l'homme qui occasionnera la perte d'une saison si utile , si précieuse.

La raison , l'ordre universel des choses , les exemples de tous les âges , nous prouvent que ce continent ne peut être long-temps soumis à une puissance étrangère. Le plus avantageux de tous les anglois ne peut le penser. Toute la sagesse humaine ne peut en ce moment tracer un plan qui , sans une séparation , garantisse au continent une année de sécurité : la réconciliation n'est qu'un songe trompeur. La nature a rompu nos liens , l'art ne peut les réparer ; et comme dit sagement Milton : « Jamais une réconciliation » sincère ne peut naître là où les bles- » sures d'une mortelle haine ont percé si » profondément ».

Tous

Tous les moyens de douceur, propres à rétablir la paix, ont été employés inutilement : nos prières ont été rejettées avec dédain, et n'ont servi qu'à nous convaincre que rien ne flatte plus la vanité des rois, et n'accroît plus leur opiniâtre dureté, que les demandes qu'on leur fait. C'est même là ce qui a le plus contribué à rendre absolus les rois de l'Europe : témoins ceux de Dannemarck et de Suède. Pour Dieu ! séparonsnous donc de l'Angleterre, puisqu'il le faut, et ne léguons point à d'autres la funeste nécessité de répandre du sang sous les noms violés de père et de fils.

Il y auroit de la folie à dire que l'Angleterre ne tentera plus de nous opprimer. N'avons-nous pas été ainsi leurrés pendant un an par le rapport de l'acte du timbre ? Il vaudroit autant supposer que des nations qui ont été une fois vaincues, ne retourneront jamais au combat.

Quant à notre gouvernement particulier, il est impossible que la Grande-Bretagne s'en charge. Les affaires sont désormais trop importantes, trop difficiles pour être dans les mains d'une puissance si éloignée de nous, et qui ignore nos vrais intérêts.

D'ailleurs, si elle ne peut nous conquérir, elle ne peut nous gouverner. Faire deux mille lieues, avec un conte ou une pétition à la main ; attendre trois ou quatre mois pour en avoir la réponse , qui, quand on l'a , demande encore six mois pour être expliquée : tout cela doit, dans quelques années, être regardé comme une folie ou un enfantillage. Il fut un temps où cela convenoit : mais ce temps n'est plus.

De petites îles, qui ne peuvent se défendre, doivent être protégées par d'autres états ; mais il est vraiment absurde de vouloir qu'un continent soit à jamais gouverné par une île. La nature n'a point fait une planète moins grande que ses satellites ; et comme l'Angleterre et l'Amérique contredisent cet ordre de la nature, il est évident qu'elles appartiennent à deux systêmes politiques différens : l'Angleterre à l'Europe ; l'Amérique à elle-même.

Ce n'est ni l'orgueil, ni l'esprit de parti, ni aucun ressentiment particulier, qui me porte à embrasser la doctrine de la séparation et de l'indépendance ; mais je suis bien certainement convaincu, au fond du cœur, que c'est le véritable intérêt de l'Amérique.

Je crois en outre, qu'un raccommodement seroit momentané, inutile, et n'auroit que des effets funestes ; que ce seroit mettre l'épée dans les mains de nos enfans ; que ce seroit enfin reculer, lorsqu'un pas de plus peut rendre ce continent la gloire du monde.

Comme la Grande-Bretagne n'a pas témoigné la moindre inclination à faire un traité, nous pouvons assurer qu'elle ne proposera rien que le continent puisse dignement accepter, ou du moins rien qui nous dédommage des trésors que nous avons dépensés, et du sang que nous avons versé !

L'objet qu'on se dispute doit être toujours proportionné aux sacrifices qu'on fait. Le renvoi de lord North et de toute sa détestable clique, ne vaut pas les millions que nous avons dépensés. Une légère suspension de notre commerce auroit plus que balancé la révocation des actes dont nous nous plaignions, quand bien même cette révocation auroit eu lieu. Mais si tout le continent prend les armes, si chaque homme devient soldat, il est trop indigne de nous de combattre seulement contre un méprisable ministère.

Nous là paierons bien chèrement l'abrogation des actes, si ce n'est que pour cela que nous combattons ! Et en vérité, si nous ne combattions que pour cela, ce seroit une grande folie de nous être exposés à la défaite de Bunker's-hill. D'après les rapides progrès de l'esprit qui règne dans le continent, j'ai toujours considéré son indépendance comme une chose qui ne pouvoit manquer d'arriver plutôt ou plus tard ; et certes, cet événement ne peut être éloigné. Il étoit donc inutile de prendre les armes pour un redressement que le temps devoit nécessairement amener. C'est comme si l'on cherchoit à retirer, par un procès, une terre des mains d'un fermier dont le bail va finir. Personne ne desiroit une réconciliation plus ardemment que moi, avant la fatale époque du 19 avril 1775 (1) ; mais, du moment où j'ai appris les événemens de ce jour.

Mais, en admettant que les choses seroient maintenant arrangées, qu'en arriveroit-il ? — Quoi ? la ruine du continent ; et cela par plusieurs raisons.

---

(1) L'affaire de Lexington.

(53)

Premiérement, le pouvoir de gouvernèr
demeurant toujours dans les mains du roi ,
il auroit le *veto* sur toute la législation du
continent; et il pourroit nous dire : « Vous
» ne ferez d'autres loix que celles qui me
» plairont ». — Y a-t-il en effet, dans
toute l'Amérique, un seul habitant assez
ignorant pour ne pas savoir que, suivant
ce qu'on appelle la *présente constitution,*
le continent ne fait de loix que celles que le
roi lui permet de faire ? Et y en a-t-il un
assez peu sage pour ne pas voir, d'après
ce qui est arrivé, que le roi ne voudroit
jamais consentir qu'on en fît qui ne lui con-
vinssent pas ? Nous serions tout aussi entravés par le défaut de loix faites en Amérique, que par notre soumission aux loix
qu'on feroit pour nous en Angleterre. Après
que les affaires serqient arrangées, comme on
le dit, peut-on douter que le ministère ne
tînt ce pays dans le plus grand état d'humilité qu'il lui seroit possible ? Au lieu d'a-
vancer, nous rétrograderions , ou nous
passerions notre temps à disputer et à faire
de vaines pétitions.

Réduisons les choses à un seul point. La
puissance jalouse de notre prospérité est-

elle propre à nous gouverner? Quiconque répondra que non, sera un indépendant; car indépendance ne signifie autre chose que le pouvoir de faire ses loix, ou de nous séparer de l'Angleterre.

Mais le roi, direz - vous, a la négative en Angleterre ; le peuple anglois ne peut faire ses loix sans le consentement du monarque. En vérité c'est une chose bien ridicule, qu'un jeune homme de vingt-un ans, ainsi qu'on l'a vû souvent, puisse dire à plusieurs millions d'hommes, dont beaucoup sont plus âgés et plus sages que lui: « Je ne veux pas que vous ayez telle loi » que vous venez de faire ».

Mais quoique cela me paroisse à jamais absurde, je veux bien ne pas m'en prévaloir. J'observerai seulement que la résidence du roi en Angleterre ; et non en Amérique, rend la chose toute différente : le *veto* du roi est dix fois plus dangereux pour nous qu'il ne peut l'être pour l'Angleterre. En Angleterre, il ne refusera jamais un bill qui mettra le royaume sur un pied de défense formidable ; mais il ne consentira jamais qu'un pareil bill passe pour nous.

L'Amérique n'est qu'un objet secondaire

dans le système de la politique angloise. L'Angleterre ne songe à nos avantages qu'autant que ces avantages lui conviennent. Son propre intérêt la porte à diminuer notre prospérité, dans tous les cas où elle ne lui est pas profitable, et sur-tout si nous avons la moindre contestation avec elle. Et à en juger d'après ce qui a déjà eu lieu, la jolie figure que nous ferions sous ce gouvernement secondaire ! Les hommes ne changent point de sentimens en changeant de nom : et pour montrer que toute réconciliation avec l'Angleterre est une doctrine dangereuse, j'affirme qu'il seroit en ce moment d'une adroite politique de sa part de révoquer les actes, afin de pouvoir reprendre le gouvernement de ces provinces pour pouvoir ensuite les tyranniser à son gré.

Secondement, le meilleur accommodement que nous pourrions obtenir, se borneroit sûrement à nous procurer quelques expédiens, ou une sorte de gouvernement protecteur, ou de tutelle, qui ne pourroit durer que jusqu'au moment où les colonies seroient en âge de majorité : ainsi, pendant tout ce temps-là, l'état des affaires en général, resteroit incertain et inquiétant. Les gens qui possèdent quelque fortune en Europe, se garderoient bien de venir s'établir dans un pays dont le gouvernement ne tiendroit qu'à un fil, et toujours prêt à être livré au désordre. Bien plus, beaucoup d'habitans de ce pays s'empresseroient de prendre des arrangemens pour profiter du premier moment favorable, et se retirer ailleurs.

Mais le plus puissant de tous les argumens, c'est qu'une entière indépendance, c'est-à-dire, un gouvernement continental, peut seul maintenir la paix dans le continent, et le préserver des guerres civiles. Maintenant je redoute une réconciliation avec l'Angleterre ; parce que je suis bien sûr qu'elle seroit suivie de quelque révolte, dont les conséquences pourroient être plus funestes pour nous que toute l'inimitié des Anglois.

La barbarie de cette nation a déjà ruiné des millions de nos compatriotes ; elle en ruinera probablement encore davantage. Ah ! ces hommes ont d'autres sentimens que nous qui n'avons rien souffert ! Désormais, ils sont libres. Ce qu'ils possédoient est sacrifié à cet avantage ; et n'ayant plus

rien à perdre ; ils dédaignent de se plier à
la soumission.

Le goût des colonies pour la mère-patrie,
ressemble à celui d'un jeune homme prêt à
être délivré de son tuteur : il lui tarde d'en
être débarrassé. Un gouvernement qui ne
peut nous maintenir en paix, n'est point
un gouvernement ; l'argent qu'il nous coûte
est un argent perdu. Et dites-moi, je vous
prie, ce que pourra faire pour nous l'Angleterre, dont tout le pouvoir se borne à
créer des actes, si quelque querelle intes-
tine suit le jour de notre réconciliation ?
J'ai entendu plusieurs hommes, dont la
plupart parlent sans réflexion ; je les ai en-
tendus, dis-je, annoncer qu'ils craignoient
notre indépendance, par rapport aux
guerres civiles qu'elle entraîneroit. Il est
rare que nos premières pensées soient justes,
et c'est ici le cas ; car on doit craindre dix
fois plus que les guerres civiles naissent
d'une mauvaise réconciliation que de l'indépendance. Je me mets à la place de ceux
qui ont éprouvé la cruauté des Anglois, et
je déclare que si j'avois été chassé de ma
maison, si j'avois vu dévaster mes propriétés et détruire ma fortune, sensible à l'in-

jure comme je le suis, je ne pourrois jamais supporter la doctrine de la réconciliation, ni ne me croirois obligé d'y adhérer quand elle triompheroit.

Les colonies ont si bien manifesté leur goût pour l'ordre et pour la soumission aux loix, sous un gouvernement continental, que cela seul prouve que ce gouvernement fera le bonheur et la tranquillité générale. Personne ne peut le craindre; ou du moins ces craintes ne sont fondées que sur des motifs ridicules et puériles, comme, par exemple, de dire qu'une colonie cherchera toujours à obtenir la supériorité sur une autre.

Là où il n'y a point de distinctions, il ne peut y avoir de supériorité : une égalité parfaite ne permet point l'envie. Les républiques de l'Europe sont presque toujours en paix. La Suisse et la Hollande n'ont point de guerres étrangères, ni domestiques. Mais, d'un autre côté, les gouvernemens monarchiques ne sont pas long-temps en repos : la couronne même est un objet d'ambition pour les scélérats, et les porte à allumer souvent des guerres civiles : et l'orgueil, l'insolence qui accompagnent les rois , leur occasionne des brouilleries avec les autres puissances , dans des occasions où un gouvernement républicain , toujours attaché à des principes plus naturels , chercheroit à négocier et n'emploieroit que la douceur.

La seule raison , peut-être , qu'on ait de craindre l'indépendance , c'est qu'on n'a encore aucun plan à cet égard. On ne voit pas la route qu'on doit suivre : mais je vais offrir quelques idées sur ce sujet , déclarant avec sincérité que je ne les estime moi-même que comme propres à en faire naître de meilleures. Si les idées éparses de beaucoup d'hommes sans prétention étoient recueillies , elles pourroient souvent servir de matériaux à d'autres hommes plus capables.

Je voudrois que les assemblées de chaque colonie fussent annuelles et n'eussent qu'un seul président ; que la représentation fût plus égale ; qu'elles ne s'occupassent que des affaires de leur province , et fussent soumises à l'autorité d'un congrès continental.

Je voudrois que chaque colonie fût divisée en six, huit ou dix districts ; que chaque district envoyât au congrès un certain nombre dè députés, de sorte que chaque colonie en fournît au moins trente. Le congrès s'élèveroit alors à 390 membres. Il siégeroit à..... et choisiroit son président de la manière suivante : quand les députés seroient tous réunis, ils tireroient au sort une des treize colonies. Après cela tous les membres ballotteroient et nommeroient par scrutin un des députés de la province, que le sort auroit favorisé.

Le congrès suivant, on ne tireroit au sort la colonie, qui devroit fournir le président, que parmi douze, en excluant celle qui en auroit déjà eu un ; et on continueroit ainsi jusqu'à ce que les treize colonies eussent eu leur tour à la nomination : et pour que jamais on n'admît aucune loi qui ne fût bien juste, la majorité du congrès devroit être formée des trois cinquièmes. Celui qui, sous un gouvernement aussi égal, pourroit occasionner de la discorde, seroit sûrement digne d'avoir aidé Lucifer dans ses noirs complots.

Mais comme on doit savoir aussi par qui, et de quelle manière commencera tout ce que je propose, il est nécessaire de nommer d'abord un corps intermédiaire, une

CONFÉRENCE CONTINENTALE , comme nous allons l'expliquer.

Il faut nommer un comité de vingt-six membres , c'est-à-dire , de deux membres par colonie ; deux membres de chaque assemblée ou convention provinciale, et de plus cinq représentans du peuple , élus dans la principale ville de chaque province, pour que, connoissant plus particuliérement toutes les parties de cette province , ils puissent mieux la défendre. Si on le juge plus convenable , on pourra même élire ces représentans dans les trois ou quatre cantons les plus peuplés de la province. Dans une telle conférence , doivent se trouver réunis les deux grands principes des affaires, la *connoissance* et le *pouvoir*. Les membres du congrès et des assemblées ou conventions, ayant déjà acquis de l'expérience par leurs fonctions , pourront servir de conseillers ; et revêtu du pouvoir du peuple, ce corps aura une autorité toute puissante.

Les membres de la conférence étant assemblés, ils rédigeront une charte continentale , ou charte des colonies unies , qui réponde à-peu-près à ce qu'on appelle en Angleterre la grande charte. Ils fixeront le nombre des membres du congrès et la manière de les choisir, ainsi que les membres des assemblées, avec le temps de leur session, et les objets qu'ils auront à traiter. Ils ne perdront point de vue que notre force est continentale, non provinciale : ils assureront la liberté et la propriété de tous les citoyens, et sur-tout le libre et entier exercice des religions; enfin tout ce qu'il est nécessaire qu'une charte spécifie. Dès que la constitution sera achevée, la conférence doit se séparer, et les corps doivent être élus conformément à la charte, pour être les législateurs et les gouverneurs du continent pendant le temps prescrit; et puisse le ciel assurer leur paix et leur bonheur !

Si ce que je viens de proposer se réalise ; s'il se rassemble une conférence pour faire notre constitution, je prie les hommes, qui la composent, de méditer le passage suivant, tiré de *Dragonetti*, ce sage publiciste.—« Le savoir de l'homme d'état, » dit-il, consiste à fixer le vrai point de » bonheur et de liberté. Ils mériteroient la » reconnoissance de tous les âges, les » hommes qui pourroient trouver le mode

» de gouvernement propre à produire la
» plus grande somme de bonheur indivi-
» duel, et qui en même temps coûteroit le
» moins (1) ».

Mais, disent quelques personnes, où est le roi de l'Amérique? —— Je vais vous le dire, amis. Il règne dans le ciel, et il ne fait point égorger les hommes.

Mais puisqu'on aime les honneurs, les solemnités, choisissons un jour pour proclamer notre charte. Qu'on l'élève et la place sur le livre même qui contient la parole de Dieu; qu'alors on mette une couronne au-dessus, et que le monde apprenne que l'Amérique aime tellement la monarchie, qu'elle a choisi la loi pour roi.

Dans les gouvernemens absolus, le roi est la loi : mais dans un pays libre, la loi seule doit régner, et nous ne voulons pas d'autre roi. Cependant, de peur d'accident, il faut qu'à la fin de la cérémonie, dont je viens de parler, la couronne soit brisée, et qu'on abandonne ses débris au peuple à qui elle appartient de droit.

____

(1) Dragonetti, *de la vertu et des récompenses.*

Nous avons un droit naturel à nous créer un gouvernement. Quand on réfléchit sérieusement sur l'incertitude des choses humaines, on est convaincu qu'il est infiniment plus sage d'établir, en ce moment, notre constitution, que de remettre au temps et au hasard le soin de la faire. Si nous ne prenons pas ce parti, il peut s'élever quelque Mazaniel (1), qui, profitant des mécontentemens et de l'inquiétude du peuple, rassemble tous ceux qui desireront un changement, et détruise pour jamais la liberté de l'Amérique.

Si le gouvernement de ces contrées retomboit dans les mains des Anglois, il n'est pas douteux que l'instabilité de ce gouvernement ne déterminât bientôt quelqu'aventurier courageux à tenter la fortune ; et dans ce cas, de quel secours nous seroit l'Angleterre ? Nos malheurs seroient consommés avant qu'elle en eût la première

______

(1) Thomas Anello, ou Mazaniello, pêcheur napolitain, ou lazaroni, fit, dans le marché de Naples, révolter ses camarades contre l'oppression des Espagnols, qui y commandoient, chassa le gouverneur, et le même jour se déclara roi.

nouvelle ;

nouvelle ; et en attendant nous gémirions, ainsi que les anciens Bretons , sous l'oppression du conquérant. Vous , qui, en ce moment, vous opposez à la déclaration de notre indépendance, vous ne savez point ce que vous faites. Vous ouvrez la porte à une tyrannie éternelle.

Des milliers d'Américains croient, avec raison, qu'il seroit glorieux de chasser du continent la puissance infernale et barbare , qui arme contre nous les Indiens et les Nègres ; puissance doublement criminelle , puisqu'elle est inhumaine envers nous, et perfide envers ceux qu'elle emploie.

Comment parler d'amitié à des gens en qui la raison nous défend d'avoir confiance, et que nos cœurs blessés de mille manières ne peuvent que détester ! Le vouloir seroit une folie. Chaque jour efface les foibles restes de parenté entre nous et l'Angleterre. Peut-on donc espérer qu'à mesure que les liens du sang diminuent, la tendresse augmente ? Nous accorderons-nous mieux, enfin, quand nous aurons encore plus de sujets de mécontentement ?

Vous, qui nous parlez de réconciliation et d'harmonie, pouvez-vous renouveller le

E

temps passé? pouvez-vous rendre à la débauche son innocence perdue? Non; et vous
ne pouvez pas davantage unir l'Angleterre et
l'Amérique. Les derniers liens sont rom-
pus; le peuple anglois présente des adresses
contre nous. Il est des injures que la nature
ne pardonne jamais; et si elle les pardon-
noit, elle cesseroit d'être nature. L'Amérique
ne sait pas plus pardonner aux meurtriers
anglois qui l'ont ensanglantée, qu'un amant
passionné ne pardonne au ravisseur de sa
maitresse. L'Eternel même a gravé en nous
ces sentimens ineffaçables, et ses desseins
sont toujours sages.

Ce sont ces sentimens, qui conservent son
image dans nos cœurs, et qui nous distin-
guent des brutes. L'ordre social seroit dé-
truit, la justice bannie de la terre, ou du
moins elle n'y seroit que foiblement connue,
si nous restions insensibles à toute affec-
tion; et le voleur, le meurtrier ne seroient
presque jamais punis, si nous étions insensibles à l'injure.

O vous, à qui le genre humain est cher!
vous qui osez vous opposer non-seulement à
la tyrannie, à la fourbe.... Courage! chaque
coin du vieux monde est couvert par l'op-

pression. La liberté a été poursuivie par tout le globe. L'Afrique et l'Asie l'ont dès long-temps repoussée. L'Europe la regarde comme étrangère, et l'Angleterre lui a commandé de s'éloigner. Recevez donc la fugitive, et préparez, pendant qu'il en est temps, un asyle au génre humain.

CHAPITRE IV.

Dès ressources de l'Amérique. Réflexions diverses.

JE n'ai jamais en Angleterre, ni en Amérique, vu d'homme qui ne soit convenu que ces deux états se sépareroient tôt ou tard ; et nous n'avons jamais montré moins de jugement, que lorsque nous nous sommes efforcés de prouver que le continent étoit mûr pour l'indépendance, puisque c'étoit inutile.

Tout le monde convient bien qu'une séparation doit avoir lieu : mais on ne s'accorde pas sur le temps. Essayons donc d'écarter les erreurs. Jettons un coup-d'œil général sur l'état des choses, et tâchons de fixer, s'il est possible, le vrai moment d'une séparation. Mais nous n'avons pas besoin d'aller bien loin : nous sommes arrêtés dans nos recherches ; car le temps nous a surpris. La concours, l'accord de tout ce qui peut favoriser ce grand événement, prouvent cette vérité.

Notre force n'est point dans le nombre

des Américains , mais dans leur union ;
et cependant nous sommes déjà en assez
grand nombre pour repousser le monde
entier. Le continent a, en ce jour, l'armée
la plus nombreuse et la mieux disciplinée de
la terre. Ses forces sont telles , qu'aucune
colonie seule , il est vrai, ne pourroit se
défendre elle-même, mais que toutes réunies peuvent parfaitement assurer leur indépendance. Ses forces sont tout ce qu'il
lui faut : plus ou moins seroit également
dangereux.

Nos armées de terre sont donc suffisantes.
Quant à nos armées navales, nous savons
assez que tandis que l'Angleterre nous a
gouvernés, elle n'a jamais permis que nous
pussions construire un seul vaisseau de
guerre ; et si elle nous gouvernoit encore
nous ne serions pas dans cent ans plus
avancés que nous ne le sommes aujourd'hui
Ce qui fait que nous le serions même moins,
c'est que le bois de construction dimi-
nue tous les jours davantage , et que ce
qu'il en restera par la suite , sera rare, éloigné et difficile à charrier.

Si le continent étoit très-peuplé, les circonstances actuelles rendroient les maux

de ses habitans insupportables. Plus nous aurions de villes maritimes, plus nous aurions à défendre et à perdre. Notre population est tellement proportionnée à nos besoins actuels, qu'aucun de nous ne peut rester oisif. La cessation de notre commerce nous a créé une armée, et les besoins de cette armée ont fait naître un nouveau genre de commerce.

Nous n'avons point de dettes, et si nous sommes obligés d'en contracter, elles seront des monumens glorieux de nos victoires. Si nous léguons à nos enfans un gouvernement sur une constitution indépendante, quelque prix que ce bien nous coûte, nous ne l'aurons pas trop chèrement acheté. Mais dépenser des millions, pour se borner à voir révoquer quelques actes, à disputer vainement contre le ministère, ce seroit une folie, une cruauté, que la postérité auroit droit de nous reprocher; car nous lui laisserions non-seulement à combattre pour son indépendance, mais tous les embarras d'une dette. Une telle idée est indigne d'hommes d'honneur, et elle ne peut plaire qu'à des cœurs insensibles et à des esprits bornés.

Nos dettes ne méritent pas notre attention,

si nous réussissons dans notre grande entreprise. Il n'y a point de nation qui n'ait de dettes. Une dette nationale est un contrat avec soi-même ; et quand il ne porte point d'intérêt, il ne grève point. L'Angleterre est chargée d'une dette de plus de cent cinquante millions sterling, pour laquelle elle paie plus de 4 millions sterling d'intérêt. Pour compensation, elle a une nombreuse marine. L'Amérique est sans dette et sans marine ; mais pour la vingtième partie de la dette des Anglois, elle peut avoir une marine plus belle que la leur. La marine angloise (1) ne vaut pas, en ce moment, plus de trois millions et demi sterling.

Les deux premières éditions de ce pamphlet ont été publiées sans les calculs suivans, qui donneront une preuve de la justesse de mon observation (2).

La construction d'un vaisseau, la fourniture des mâts, vergues, voiles, agrès, avec huit mois d'avitaillement, pour ce qui est sous l'inspection des charpentiers et des bossemans, a été calculée, comme je le transcris, par M. Burchett, secrétaire de l'amirauté.

______

(1) On ne parle ici que de la marine royale.
(2) Voyez l'histoire navale d'Entic, introd. pag. 56.

Pour un vaisseau de 100 canons   35,553 l. st.
           de 90   29,886
           de 80   23,638
           de 70   17,785
           de 60   14,197
           de 50   10,606
           de 40   7,558
           de 30   5,846
           de 20   3,710

D'après ces prix, on peut calculer toute la valeur de la marine royale d'Angleterre, qui, en 1757, au plus haut point de sa gloire, consistoit, savoir :

Vaisseaux.	Canons.	Prix d'un vaisseau.	Totaux.
6 de	100	— 35,553 l. st. —	213,318
12 —	90	— 29,886...... —	358,632
12 —	80	— 23,638...... —	283,656
43 —	70	— 17,785...... —	764,755
35 —	60	— 14,197...... —	496,895
40 —	50	— 10,606...... —	424,240
45 —	40	— 7,558...... —	340,110
58 —	20	— 3,710...... —	215,180
85 Sloops, Bombardières, Canonnières, etc. l'un dans l'autre.....		2000...... —	170,000
			3,266,786
Reste pour canons......			233,214
			3,500,000 l. st.

Nul pays n'est aussi heureusement situé et aussi bien pourvu pour avoir une marine que l'Amérique. Le bois de construction, le goudron, le fer, le chanvre se trouvent chez nous. Nous n'avons besoin d'aller rien chercher au dehors, pendant que les Hollandois, dont une des branches du commerce est de louer des vaisseaux de guerre aux Portugais et aux Espagnols, sont obligés d'aller acheter dans le nord, les objets qui leur servent à les construire. Nous, nous devons regarder aussi la construction des vaisseaux comme un objet de commerce, puisque la nature a tout préparé chez nous pour cela. C'est la meilleure manière de placer notre argent. Une escadre sur pied vaut plus qu'elle ne coûte ; et en bonne politique c'est un de ces moyens dans lesquels les avantages du commerce et la force nationale se trouvent réunis. Construisons donc une escadre : si elle nous est inutile, nous la vendrons, et de cette manière nous troquerons notre papier continental contre de l'or et de l'argent.

L'on est en général dans une grande erreur sur la manière dont on croit qu'on doit armer une escadre. Il ne faut pas que la quatrième partie des équipages soient matelots. Le corsaire le Terrible, capitaine Death, soutint, pendant la dernière guerre, le plus sanglant combat sans avoir vingt matelots à son bord , et cependant l'équipage étoit de plus de deux cents hommes. Un petit nombre de bons marins aura bientôt instruit à la manœuvre ordinaire les habitans vigoureux des campagnes. Nous sommes d'autant plus pressés de nous occuper de cet objet, que nos bois de construction sont encore là, nos pêcheries bloquées, et nos matelots et nos charpentiers désœuvrés. Il y a quarante ans qu'on construisoit à la Nouvelle Angleterre, des vaisseaux de soixante-dix et de quatre-vingt canons : pourquoi n'en ferions - nous pas de même aujourd'hui ?

La construction des vaisseaux est la gloire de l'Amérique ; et dans cet art, elle doit un jour surpasser le reste du monde. Les vastes empires de l'Orient sont dans l'intérieur des terres, et ne peuvent jamais nous rivaliser. L'Afrique reste toujours dans son état de barbarie ; et aucune puissance européenne n'a une aussi grande étendue de côtes et autant de matériaux dans son intérieur. La nature n'a donné une de ces choses à un pays qu'en lui refusant l'autre ; mais avec l'Amérique elle a été magnifiquement libérale. La mer est presqu'entiérement fermée à la Russie ; et les bois, le goudron, le fer, le chanvre de cet immense empire ne sont pour ses habitans que des objets de commerce.

Si nous songeons à notre sûreté, devons-nous rester sans une escadre ? Nous ne sommes plus le petit peuple qui habitoit ces contrées il y a soixante ans. Alors nous pouvions laisser tranquillement ce que nous possédions dans les rues, dans les champs ; nous pouvions dormir sans mettre de verroux à nos portes, ni à nos fenêtres ; mais les temps sont changés, et nos moyens de défense doivent croître avec nos propriétés. Le moindre pirate auroit pu, il y a un an, remonter la Delaware, et mettre à contribution la riche ville de Philadelphie, ou tout autre. Que dis-je ? un seul corsaire de quatorze ou quinze canons eût suffi pour désoler le continent, et emporter un demi-million d'argent comptant. — Tout cela exige une sérieuse attention de notre part ;

tout cela nous prescrit d'avoir une escadre pour nous protéger.

On dira peut-être que quand nous nous serons arrangés avec l'Angleterre, elle nous protégera. Pouvons-nous donc être assez fous pour croire qu'elle laisseroit jamais un vaisseau dans nos ports pour ce seul dessein ? Le sens commun nous dira que la puissance qui a voulu nous soumettre, est la moins propre à nous défendre. Sous l'apparence de l'amitié, on chercheroit à nous conquérir; et, après une longue et courageuse résistance, nous nous trouverons, par la ruse, réduits à l'esclavage. Et si les vaisseaux anglois ne sont pas reçus dans nos ports, comment pourront-ils nous protéger? Une marine qui se tient à trois ou quatre mille milles, est de peu de secours; et dans les cas pressans, elle ne sert de rien du tout. Mais si nous devons être protégés, pourquoi ne pas nous protéger nous-mêmes? pourquoi attendre ce bienfait d'un autre?

La liste des vaisseaux de guerre anglois est longue et formidable; mais jamais la dixième partie n'est en état de service, plusieurs même n'existent plus; mais s'il en reste encore une planche, leurs noms continuent à être pompeusement inscrits sur la liste. La cinquantième partie de ceux qui sont en état de servir, ne peut être envoyée à la fois dans un même lieu. L'Inde, les Antilles, la Méditerranée, la côte d'Afrique, tous les pays, enfin, où la Grande-Bretagne a des prétentions, exigent qu'elle y envoie des vaisseaux.

Par inattention autant que par préjugé, nous avons de fausses notions sur la marine angloise. Nous en parlons comme si nous avions à la combattre toute à la fois ; et nous croyons, d'après cela, qu'il nous en faudroit avoir une toute aussi forte à lui opposer ; et comme cela n'est pas tout de suite praticable, nous avons été découragés de commencer à en construire une, par les conseils d'une foule de torys déguisés.

Mais loin d'avoir besoin d'une marine aussi considérable que celle d'Angleterre, si l'Amérique avoit seulement le vingtième des forces navales britanniques, elle seroit en état de la vaincre, parce que n'ayant, ni ne voulant avoir aucune possession étrangère, toutes nos forces seroient employées sur nos côtes ; et nous aurions d'autant plus d'avantage, que nous combattrions

un ennemi, qui feroit trois ou quatre mille
milles pour venir nous attaquer, et pour
aller ensuite se radouber.

Si, par sa marine, l'Angleterre arrête
notre commerce avec l'Europe, nous pouvons gêner le sien avec les Antilles, qui,
placées près du continent, sont absolument
à notre merci.

Si on ne vouloit pas entretenir des vaisseaux de guerre en temps de paix, on pourroit trouver quelque manière d'en avoir
sans qu'ils fussent aux frais de la nation. On
pourroit donner des primes à des marchands,
qui employeroient des vaisseaux de vingt,
trente, quarante, cinquante canons, et ces
primes seroient en proportion du nombre
des canons de ces vaisseaux. Alors cinquante
ou soixante vaisseaux de cette force, avec
quelques garde-côtes, formeroient une marine suffisante, sans que nous eussions à
supporter aucun fardeau, et sans l'inconvénient dont on se plaint tant en Angleterre,
c'est-à-dire, de voir les vaisseaux pourrir
dans les ports pendant la paix. Unir les
avantages du commerce et ceux d'une défense importante, est une sage politique.
Tant que nous employerons nos forces et

nos richesses à nous défendre; nous n'avons pas à craindre d'ennemi étranger.

Nous avons en abondance presque tous les objets nécessaires à notre défense. Le chanvre croît dans nos champs avec la plus grande facilité : ainsi nous ne manquerons pas de cordages. Notre fer est supérieur à celui des autres pays. Nos petites armes sont les meilleures du monde. Nous pouvons aisément fondre des canons. Le salpêtre et la poudre ne nous manquent pas. Nos connoissances croissent tous les jours. La fermeté fait la base de notre caractère, et le courage ne nous a jamais abandonnés. Que nous faut-il donc de plus ? Pourquoi hésitons-nous ? Nous n'attendons de la Grande-Bretagne que de l'oppression. Si nous lui rendons le gouvernement de ces contrées, elles cesseront dès-lors d'être habitables. Des jalousies, des haines, des insurrections se manisfesteront sans cesse ; et qui entreprendra de les appaiser ? Qui voudra exposer sa vie pour réduire ses compatriotes à une servile obéissance ? Les différends survenus entre le Connecticut et la Pensylvanie, pour quelques terreins inoccupés, montrent l'incapacité du gouvernement anglois , et prouvent évidemment qu'une autorité continentale peut seule régler les affaires du continent.

. Ce qui fait voir encore que le moment actuel est préférable à tous les autres pour assurer notre indépendance, c'est que nous avons peu de population, et qu'il nous reste beaucoup de terres vacantes; et que ces terres , au lieu d'être concédées par le roi à ses indignes courtisans, seront employées par nous, non-seulement à l'acquittement de nos dettes , mais à l'entretien du gouvernement. Nulle autre nation au monde n'a un pareil avantage.

L'état d'enfance des colonies, comme on veut bien l'appeller , loin d'être une raison contre leur affranchissement, est ce qui le favorise le plus. Nous sommes en assez grand nombre, et si nous l'étions davantage, peut-être serions-nous moins unis. Une chose bien digne d'attention, c'est que plus un pays est peuplé, plus ses armées sont petites. Les armées des anciens étoient bien plus nombreuses que celles des modernes. La raison en est , que la grande population exigeant qu'une nation s'adonne au commerce, les hommes ne peuvent presque plus,

dès-lors ,

dès-lors, s'occuper d'autre chose. Le commerce éteint l'esprit militaire, même le patriotisme. L'histoire nous montre assez que c'est dans l'enfance d'une nation que ses plus courageuses entreprises ont été exécutées. A mesure que le commerce de l'Angleterre augmente, son courage se perd. Londres, si peuplé, est exposé à des insultes continuelles, et les supporte avec une patience lâche. Plus les hommes ont à perdre, moins ils osent hasarder. Les riches sont en général dévorés de craintes, et ils se soumettent au pouvoir de la cour, avec la tremblante duplicité d'un chien barbet.

La jeunesse est pour les nations comme pour les individus le moment de prendre de bonnes habitudes. Dans cinquante ans, il seroit très-difficile, peut-être même impossible, de soumettre le continent à un gouvernement. La diversité des intérêts, augmentée par le commerce et la population, occasionneroit trop de confusion. Une colonie s'élèveroit contre l'autre : chacune d'elles étant déjà puissante, mépriseroit le secours de ses rivales ; et tandis que les fous, les orgueilleux se targueroient de leurs petites distinctions, les sages regretteroient qu'une union n'eût pas été dès long‑temps formée.

Le moment présent est donc le vrai moment de former cette union. Une intimité contractée dans l'enfance, une amitié née au sein du malheur, sont toujours les plus durables : notre union aura ce double caractère. Nous sommes jeunes et nous avons été malheureux ensemble. Mais notre concorde triomphera et deviendra une époque glorieuse pour notre postérité.

Le moment présent est un de ces momens heureux qu'une nation n'a qu'une fois, le moment de se créer un gouvernement. Plusieurs peuples en ont laissé échapper l'occasion, et ont été réduits par cette faute à recevoir leurs loix d'un conquérant. D'abord, ils ont eu un roi, et dès‑lors une forme de gouvernement : au lieu que la constitution, ou la charte du gouvernement, doit être faite auparavant, et ensuite il faut la délivrer à ceux qui sont préposés pour la faire exécuter. Que les erreurs des autres nous instruisent donc : saisissons l'instant favorable, et commençons à former un gouvernement juste.

Quand Guillaume‑le‑Conquérant soumit

l'Angleterre, il lui donna des loix à la pointe
de l'épée. Pour nous, jusqu'à ce que nous
ayons établi en Amérique un gouvernement juste et légitime, nous devons craindre
que quelque heureux brigand ne nous traite
comme Guillaume traita les Anglois. Où
seroit alors notre liberté ? que deviendroient
nos droits ?

Quant à la religion, je crois qu'il est du
devoir indispensable de tous les gouvernemens de protéger la liberté des opinions, et
je crois qu'ils ne doivent pas se mêler
d'autre chose. Qu'un homme mette de côté
cette petitesse d'esprit, cet étrécissement
de principes, dont les gens à préjugés ont
tant de peine à se départir, et il sera bientôt délivré de vaines terreurs. Le soupçon
accompagne les ames foibles, et est le poison
de la société. Pour moi, je crois que c'est
par un effet de la sagesse du Tout-Puissant,
qu'il existe une si grande variété d'opinions
religieuses parmi nous : c'est ce qui ouvre
un champ plus vaste à la charité chrétienne.
Si nous avions tous la même façon de penser, notre religion n'auroit plus d'objet d'é-
mulation. Je regarde les nombreuses religions qui existent parmi nous, comme des

enfans d'une même famille qui ne diffèrent que par leurs noms de baptême.

J'ai jetté plus haut quelques idées sur les bases d'une charte continentale; car je ne prétends offrir que des idées et non des plans. Je reviens donc ici sur ce sujet pour observer qu'une charte doit être une obligation solemnelle, qui engage toutes les parties réunies à défendre les droits de chacune en particulier, tant dans ses opions religieuses, que dans sa liberté et sa propriété. Les bons marchés et les comptes justes font les bons amis.

J'ai parlé aussi d'avoir une nombreuse représentation, et je crois qu'en matière de politique, rien ne mérie plus notre attention. Un petit nombre d'electeurs, un petit nombre de représentans sont également dangereux; mais si le nombre des représentans est non-seulement borné, mais disproportionné, le danger augmente. Voici un exemple de ce que j'avance. Quand la pétition des sociétaires fut présentée à l'assemblée générale de Pensylvanie, il n'y avoit que 28 membres présens. Tous ceux du comté de Bucks, au nombre de huit, votèrent contre la pétition; et si les sept du comté de Chester avoient

fait de même, toute la province eût été soumise à la loi de deux seuls comtés, danger auquel elle est encore exposée. L'étrange parti
qu'a pris cette assemblée, dans sa dernière
session, pour investir d'une autorité illégi-
time les délégués de la province, doit aver-
tir le peuple de prendre garde comment et
à qui il confie son pouvoir. On fit pour les
délégués une suite d'instructions qui auroient déshonoré un écolier ; et après
qu'elles eurent été approuvées, hors de la
chambre, par un *très-petit* nombre de personnes, on les présenta à l'assemblée, et
elles passèrent *au nom de toute la colonie*. Mais si toute la colonie savoit avec
quelle mauvaise volonté la chambre s'est
portée à prendre des mesures nécessaires,
elle n'hésiteroit pas à la juger indigne de sa
confiance.

Les circonstances nécessitent quelquefois
des ressources dont la durée seroit dangereuse. Des expédiens et des droits sont des
choses très-différentes. Quand les calamités
de l'Amérique exigèrent une consultation
générale, il n'y eut rien de plus pressé et de
plus utile que de charger quelques membres
des diverses assemblées des colonies, de

conférer à ce sujet ; et la sagesse de leurs conseils a sauvé le continent. Mais comme il est plus que probable que nous ne serons plus sans un CONGRÈS, tous ceux qui désirent le bon ordre, doivent sentir combien l'élection de ce corps mérite de considération. Je le demande à quiconque a étudié le cœur humain : la représentation et l'élection ne sont-elles pas de trop grands moyens de puissance pour qu'un seul et même corps en soit revêtu ? Quand nous travaillons pour la postérité, nous devons nous souvenir que la vertu n'est point héréditaire.

C'est à nos ennemis même que nous devons souvent de bonnes maximes : nous profitons de leurs erreurs. M. Cornwall, l'un des lords de la trésorerie, traita avec mépris la pétition de New-Yorck, parce que, dit-il, la chambre des représentans de cette province n'étoit composée que de vingt-six membres, et que suivant lui, ce seul petit nombre ne pouvoit être décemment regardé comme le vœu général. Nous le remercions de son honnêteté involontaire (1).

____

(1) Ceux qui voudront connoître toute l'importance

Conclusion. Il importe peu que quelques personnes trouvent ceci étrange et contraire à leur façon de penser. Mais plusieurs raisons prouvent avec force que rien n'est aussi utile et aussi pressant que de déclarer ouvertement notre indépendance.

Premiérement, il est d'usage chez les nations, que quand deux d'entr'elles sont en guerre, celles qui ne sont point entrées dans la querelle cherchent à être médiatrices, et présentent des préliminaires de paix : mais tant que l'Amérique se regardera comme sujette de la Grande-Bretagne, aucune puissance, quelque bonne volonté qu'elle ait d'ailleurs, ne lui offrira sa médiation ; et dans cet état-là notre querelle peut être interminable.

Secondement, il n'est pas raisonnable de croire que la France et l'Espagne nous fournissent des secours, si nous ne voulons employer ces secours qu'à nous raccommoder avec les Anglois, et resserrer les liens qui nous lioient à eux. Certes, à ce prix, la France et l'Espagne ne s'exposeront pas pour nous.

----

d'une représentation nombreuse et proportionnée, doivent lire les Recherches politiques de Burgh.

Troisiémement, tandis que nous nous dirons les sujets de la Grande-Bretagne, les puissances étrangères nous regarderont comme des rebelles. Il y auroit même quelque danger pour leur repos à soutenir des sujets armés contre leur souverain. Nous pouvons bien sur le champ de bataille résoudre la question : mais unir la résistance et la sujétion, c'est une idée trop raffinée pour les esprits ordinaires.

Quatriémement, si nous adressons aux cours étrangères un manifeste, dans lequel nous exposions les maux que nous avons endurés, et les moyens de douceur que nous avons inutilement employés pour obtenir justice ; si nous déclarons en même temps que ne pouvant vivre désormais heureux et tranquilles sous le gouvernement de la cour britannique, nous sommes dans l'indispensable résolution de rompre tous nos liens avec elle, et dans le dessein de nous unir par le commerce avec d'autres puissances ; alors, il n'est pas douteux que cet écrit n'ait un meilleur effet que si nous envoyions un vaisseau chargé de pétitions en Angleterre.

Tant que nous porterons le titre de sujets

de la Grande-Bretagne , nous ne pouvons être accueillis nulle part. L'usage de toutes les cours est contre nous ; et il en sera de même jusqu'à ce que, par notre indépendance , nous ayons pris notre rang parmi les autres nations.

Ces démarches peuvent d'abord paroître singulières et difficiles : mais il en sera comme de beaucoup d'autres choses : dès que nous les aurons faites, elles nous sembleront aisées et agréables. Jusqu'à ce que le continent ait déclaré son indépendance, il sera comme un homme qui renvoie de jour en jour à traiter une affaire qui lui déplaît. Il sait bien qu'il faut qu'elle se fasse ; mais il hésite à l'entreprendre , il voudroit la voir finie , et il est perpétuellement tourmenté de cette fâcheuse idée.

APPENDICE.

DEPUIS la première édition de ce pamphlet, ou plutôt le jour même qu'il fût publié, un autre écrit parut à Philadelphie. Quand un esprit de prophétie auroit dirigé ma plume, je n'aurois pas pu écrire dans une conjoncture plus favorable, ni plus à propos. L'esprit sanguinaire de l'un prouve la nécessité de suivre la doctrine de l'autre. Les hommes lisent souvent par esprit de vengeance; et le libelle en question, au lieu d'inspirer de la terreur, a favorisé les mâles principes de l'indépendance.

Les égards, même le silence, quels qu'en soient les motifs, ont un effet funeste quand ils favorisent des écrits bas et pervers: et si cette maxime est juste, il s'ensuit naturellement que celui dont il s'agit mérite l'exécration générale du congrès et du peuple.

. Cependant, comme la tranquillité domestique d'un peuple dépend beaucoup de la pureté de ce que nous pouvons appeller les mœurs nationales, il vaut souvent mieux mépriser certaines choses, que d'employer contr'elles quelque méthode qui, par sa nouveauté, pourroit altérer cette gardienne fidèle de notre pays et de notre sûreté. Peut-être devons-nous à cette prudente délicatesse le soin qu'on a eu d'épargner jusqu'à présent à cette œuvre de ténèbres une condamnation publique.

Le . . . . si on peut lui donner ce titre, n'est qu'un libelle vil et audacieux, où la vérité, l'honnêteté et tous les droits des hommes sont également blessés. C'est d'ailleurs une manière pompeuse d'offrir des sacrifices humains à l'orgueil des tyrans. Mais ce massacre général du genre humain est un des privilèges et la conséquence nécessaire de la royauté. Car la nature ne connoissant pas les rois, ils ne connoissent pas la nature. C'est nous qui les avons créés ; mais ils ne nous connoissent pas davantage, et ils sont devenus les Dieux de leurs créateurs. Le libelle en question a un mérite, c'est qu'il n'est pas propre à tromper ; quand nous le voudrions, nous ne pourrions pas être trompés par lui. Il porte à chaque page l'empreinte de la brutalité et de la tyrannie. Il ne nous permet pas le doute ; et chaque trait nous prouve que celui qui cherche sa proie dans les forêts, l'Indien nud et sans appui, est moins sauvage qu'un tyran.

Sir John Dalrymple, le père putatif d'un pamphlet jésuitique, intitulé : *Adresse du peuple anglois aux habitans de l'Amérique,* a peut-être, d'après la vaine supposition que

le peuple de ces contrées étoit attaché au
seul nom d'un roi, tracé assez mal-adroite-
ment le vrai caractère de celui-qui règne ac-
tuellement en Angleterre.—— « Mais, dit cet
» écrivain, si vous avez de l'inclination pour
» une administration, dont nous ne devons
» pas nous plaindre (1), il est affreux que
» vous la distinguiez de ce prince qui, d'un
» seul mouvement de sa tête, régloit toutes
» ses actions ».

Voilà le torysme dans toute sa force ! voilà
une idolâtrie sans masque ! Celui qui peut
écouter froidement une pareille doctrine, a
perdu le droit de se dire un être raisonnable ;
il renonce au titre d'homme, et n'est qu'un
lâche qui a oublié sa dignité naturelle pour
ramper avec mépris comme un vermisseau.

Désormais le devoir de l'Amérique est
de pourvoir à ses propres besoins. Elle
a une jeune et nombreuse famille qu'elle
est obligée de soigner, au lieu d'employer
son bien à soutenir une puissance qui est
l'opprobre du genre humain et du nom
chrétien. O vous ! dont l'emploi est de veiller

____

(1) Il fait allusion au marquis de Rockingham, et à
la révocation de l'acte du timbre.

sur les mœurs et la morale de la nation, de quelque secte que vous soyez ; et vous aussi, qui êtes plus immédiatement les gardiens de la liberté publique ; si vous desirez de conserver votre pays natal exempt de la corruption européenne, vous devez en secret souhaiter son indépendance. Mais en laissant l'intérêt de la morale aux réflexions particulières, je me bornerai ici à quelques remarques.

D'abord, je démontrerai que l'intérêt de l'Amérique est de se séparer de la Grande-Bretagne.

Ensuite, je discuterai quel est le plan le plus raisonnable d'une réconciliation ou de l'indépendance ? Puis j'ajouterai quelques réflexions.

A l'appui du premier principe, je pourrois, si je le voulois, citer l'opinion des hommes les plus savans et les plus sages du continent, et dont les sentimens sont déjà assez connus. Notre position seule prouve évidemment que nous devons nous gouverner nous-mêmes. Jamais peuple qui languit sous une domination étrangère, limité dans son commerce et enchaîné dans sa législation, ne peut parvenir à un haut degré de pros-

(94)

périté. L'Amérique ne sait pas encore ce
que c'est que l'opulence. Quoique les progrès qu'elle a déjà faits n'aient rien de com-
parable dans l'histoire des autres nations,
ce n'est pourtant encore rien auprès de ceux
qu'elle auroit pu faire, si son gouvernement
avoit été dans ses propres mains.

L'Angleterre trame orgueilleusement, aujourd'hui, des projets qui ne seroient d'aucun avantage pour elle-même, quand bien
même elle réussiroit à les exécuter ; et le
continent hésite sur un objet dont la perte
fera sa ruine totale ! Ce n'est pas la conquête
de l'Amérique, c'est son commerce qui doit
être avantageux à l'Angleterre ; et ce commerce continueroit en grande partie quand
l'Amérique seroit aussi indépendante de
l'Angleterre, que la France l'est de l'Espagne ; parce que nous avons mutuellement
beaucoup d'articles qui ne peuvent pas
trouver de meilleur débouché. Mais le seul
objet qui doive nous occuper en ce moment,
c'est d'être indépendans, non-seulement
de l'Angleterre, mais de tout autre pays;
et cette vérité, semblable à toutes les autres,
en sera mieux démontrée chaque jour, par
l'expérience et par la nécessité.

Premiérement, nous serons indépendans un jour ou l'autre.

Secondement, plus nous tarderons à assurer notre indépendance, plus la chose deviendra difficile.

Je me suis souvent amusé, tant dans les assemblées publiques que dans les sociétés particulières, à écouter en silence les propos erronés de ceux qui parlent sans réflexion. J'ai entendu beaucoup d'assertions fausses : mais une des plus généralement répandues, c'est que si le continent attendoit quarante ou cinquante ans de plus pour déclarer son indépendance, il seroit bien plus en état de la soutenir.

A cela je réponds que l'esprit guerrier, les connoissances militaires que nous avons acquises pendant la dernière guerre, auroient disparu dans cinquante ans. A une époque si reculée il ne nous resteroit pas un général, pas même un seul officier; et ceux qui viendroient après nous, seroient aussi ignorans dans l'art militaire que les premiers Indiens. Si on y réfléchit bien, cette seule circonstance prouve sans replique que pour nous affranchir, ce moment - ci est préférable à tout autre. A la conclusion de la dernière guerre, nous avions pour nous l'expérience, mais nous manquions d'hommes; et dans quarante ou cinquante ans, nous aurions bien des hommes, mais nous manquerions d'expérience. Le vrai point à saisir est donc entre les deux extrêmes, lorsqu'il reste assez d'expérience et que le nombre des hommes est accru ; or, ce point est le moment actuel.

Mes lecteurs me pardonneront cette digression ; elle ne devoit pas naturellement se trouver dans l'article que je traitois : mais je reviens à cet article.

Si nous nous raccommodions avec les Anglois , et qu'ils reprissent le gouvernement et la souveraineté de ce pays-ci, (ce qui au point où en sont les choses seroit renoncer à tout,) nous nous priverions de tout moyen d'acquitter les dettes que nous avons déjà contractées. Les terreins de l'intérieur, dont quelques provinces ont été injustement dépouillées par l'extension des limites du Canada, estimés seulement à cinq livres sterling les cent acres, s'élèvent à plus de vingt-cinq millions, argent de Pensylvanie, dont la rente, à un sou sterling par acre, vaut deux millions par an.

C'est

C'est par la vente de ces terres que la dette continentale peut être acquittée sans surcharger personne; et la rente réservée suffira par la suite pour payer toutes les dépenses du gouvernement. Il ne s'agit point de savoir combien il faudra de temps pour que la dette soit acquittée ; mais bien d'être sûr que le prix des terres vendues sera appliqué à l'éteindre ; et pour cela, il faut que le congrès même soit le dépositaire des fonds.

J'en viens maintenant au second article. Quel est le plan le plus praticable d'une réconciliation ou de l'indépendance ?

Celui qui choisit la nature pour son guide, est bien fort dans ses argumens. Ainsi je réponds que l'INDÉPENDANCE est la voie la plus simple et la seule qui nous convienne ; et que d'un autre côté, la réconciliation devenant compliquée, difficile, et nous mêlant encore avec une cour perfide, cette différence donne, sans aucun doute, la solution du problême.

Quiconque réfléchit doit être alarmé de l'état actuel de l'Amérique. Elle se trouve sans loix , sans gouvernement, sans autre mode de pouvoir que celui qui est fondé sur une certaine civilité, et maintenu par un con-

cours inoui de sentimens qui peuvent mal-
heureusement changer, et que plus d'un
ennemi secret s'efforce de détruire. Notre
condition présente est donc législation sans
loix, sagesse sansplan, constitution sans nom,
et ce qui est singuliérement étrange, parfaite indépendance s'efforçant de devenir
dépendante. Le cas est sans exemple : il n'a-
voit jamais existé, et personne ne peut pré-
dire quelle en sera la suite. Dans cet état
de choses, personne n'est assuré de sa propriété. L'esprit de la multitude flotte au hasard ; et ne voyant rien de fixe, il est toujours prêt à embrasser toutes les opinions.
Rien n'est réputé criminel ; il n'existe
point de trahison ; et d'après cela, chacun se croit en droit d'agir à sa fantai-
sie. Les torys ne se seroient pas assemblés pour nous faire la guerre s'il y avoit
eu une loi de l'état qui le leur eût défendu
sous peine de la vie. Il devroit y avoir une
distinction entre les soldats anglois que
nous prenons, et les Américains qui sont
attrapés les armes à la main. Les premiers
ne sont que des prisonniers de guerre ; les
seconds sont des traîtres. Les uns risquent
leur liberté ; les autres leur tête.

. Malgré toute notre sagesse, il y a dans
nos procédés une foiblesse évidente qui
encourage nos dissensions. Le lien du continent est négligemment noué ; et si une
tentative n'est pas faite à propos, il sera
trop tard pour tout le reste, et nous tom-
berons dans une crise où ni la réconciliation , ni l'indépendance ne seront plus à notre choix. Le ministère et ses
perfides agens ont repris leur ancienne
méthode de diviser le continent ; et il ne
manque pas parmi nous d'imprimeurs
empressés de répandre le mensonge. La
lettre artificieuse et hypocrite qui parut, il
y a quelques mois, dans deux des principales
gazettes de New-Yorck, et dans deux autres
papiers - nouvelles du continent, est une
preuve qu'il y a des gens qui n'ont ni
honnêteté, ni jugement.

Il est aisé de se nicher dans un coin de
gazette, et de parler de réconciliation ; mais
les gens qui agissent ainsi ont-ils sérieusement considéré combien cette réconciliation
est difficile, et de quel danger elle seroit
si elle occasionnoit une division dans le
continent ? Ont - ils considéré ce nombre
prodigieux d'hommes, dont les intérêts di-

vers et la situation ne méritent pas moins
d'égards que les leurs propres? Se sont-
ils mis à la place de l'infortuné qui a tout
perdu? du soldat qui a tout quitté? Si leur
inepte modération n'est calculée que d'a-
près leur situation particulière; s'ils sont
sans pitié pour les autres, l'événement
leur apprendra qu'ils comptent sans leur
hôte.

Remettez - nous , disent quelques personnes, remettez-nous comme nous étions
en 1763. A cela je réponds que cela n'est
pas maintenant au pouvoir de l'Angleterre,
et qu'elle est loin de le vouloir. Mais si la
chose étoit possible , et qu'elle le voulût,
je croirois pouvoir raisonnablement demander par quels moyens on lieroit à ses
engagemens une cour infidelle et corrom-
pue? Un autre parlement, que dis-je? le
parlement actuel pourroit manquer à ses
promesses, en disant qu'elles avoient été
forcées et imprudemment accordées. Alors,
qui nous feroit rendre justice? Il n'y a point
de tribunal entre les nations : le canon est
le seul avocat des rois : et le glaive, non
celui de la justice, mais celui de la guerre,
le glaive seul juge le procès.

(101)

D'ailleurs, pour être comme nous étions en 1763 , il ne suffit pas que les anciennes loix soient rétablies, mais que nos fortunes le soient aussi. Il faut que nos villes saccagées et incendiées soient rebâties ; nos pertes particulières réparées, notre dette publique acquittée : autrement nous serions cent fois pire que nous n'étions à cette heureuse époque. Si on nous avoit fait cette proposition, il y a un an, les Américains y auroient adhéré de tout leur cœur : mais à présent il est trop tard ; le rubicon est passé.

En outre, n'avoir pris les armes que pour la simple révocation d'une loi pécuniaire, est aussi condamnable aux yeux de la Divinité, et répugne autant au cœur de l'homme, que de les prendre contre nous pour renforcer notre servitude. L'un n'est pas plus digne que l'autre d'une pareille mesure ; car la vie des hommes est trop précieuse pour qu'on l'expose pour de vains projets : mais les violences que nous avons éprouvées et dont nous sommes encore menacés, la destruction de nos propriétés, le fer et la flamme ravageant nos campagnes : voilà ce qui nous justifie d'avoir pris les armes.

A l'instant même où cette mesure est devenue nécessaire, toute sujétion à l'Angleterre a cessé. L'indépendance de l'Amérique doit dater du moment où est parti le premier coup de fusil qu'on a tiré contre elle. Voilà la véritable ligue que nous devons suivre : elle n'est tracée ni par le caprice, ni par l'ambition, mais par un concours d'événemens dont les colonies ne sont point auteurs.

Je terminerai ces remarques par quelques idées nécessaires que me dicte le seul intérêt de ma patrie. Il faut bien songer qu'il y a trois moyens différens d'obtenir l'indépendance, et que certainement, tôt ou tard, un de ces moyens aura lieu pour l'Amérique. Ces trois moyens sont : la déclaration solennelle d'un congrès représentant le peuple ; la force des armes ; l'insurrection de la multitude. Il n'arrivera pas toujours que nos soldats seront citoyens, et le peuple raisonnable. La vertu, comme je l'ai déjà remarqué, n'est point héréditaire.

Si notre indépendance est le fruit du premier des moyens que je viens d'indiquer, nous pouvons former la plus belle, la plus pure des constitutions qui ait jamais été faîte pour le bonheur de la terre. Il nous est permis, en quelque sorte, de renouveller encore une fois le monde. Une situation pareille n'a point paru depuis le moment où Noé sortit de l'arche. Un nouveau jour va éclore; et une race d'hommes, plus nombreuse peut-être que tout ce que renferme l'Europe, va recevoir sa destinée des événemens présens. Quelle réflexion imposante! Eh! combien les ruses et les intérêts particuliers paroissent petits et ridicules, en comparaison de l'intérêt d'un monde entier!

Si nous négligeons des circonstances aussi favorables pour assurer l'indépendance de l'Amérique, nous serons responsables de tout ce que peut occasionner par la suite ce grand événement, ou plutôt ils en répondront seuls ceux dont l'esprit étroit et les préjugés s'opposent sans cesse et sans réflexion à ce qu'il s'achève.

Il est beaucoup d'autres raisons à l'appui de l'indépendance, que beaucoup d'homme pensent en particulier et qu'ils n'osent dire tout haut. Il ne s'agit plus maintenant de disputer pour savoir si nous serons indépendans ou non : nous ne devons nous occuper que de le devenir d'une manière noble, sûre et durable ; nous ne devons nous inquiéter que de ce que nous ne le sommes pas encore. Chaque jour nous convainc de la nécessité de notre indépendance : les torys même, s'il en reste encore parmi nous, seroient les plus ardens à l'assurer ; car, comme nos comités les ont d'abord protégés contre la fureur populaire, ils n'ignorent pas qu'une forme de gouvernement, sage et solidement établie, est le seul moyen certain de maintenir leur tranquillité. S'ils n'ont pas assez de vertu pour etre whigs, ils doivent avoir au moins assez de prudence pour desirer d'être indépendans.

Enfin, l'indépendance est le seul lien qui peut désormais nous unir ; nous verrons alors par nos propres yeux ; et nos oreilles se fermeront aux complots, aux intrigues d'un ennemi cruel. Nous pourrons alors honorablement entendre les propositions de la Grande-Bretagne ; car il y a apparence que la cour de Londres sera moins blessée de traiter pour la paix avec les États de l'Amérique ; que pour un accommodement avec ce qu'elle appelle des sujets rebelles.

Ce sont nos délais qui encouragent l'Augleterre dans ses projets de conquête , et qui seront la vraie cause de la prolongation de la guerre. Pour engager l'Angleterre à réparer ses torts, nous avons sans succès interrompu notre commerce avec elle. Eh bien ! essayons maintenant de nous rendre justice en peuple indépendant ; et à ce titre, offrons à l'Angleterre de rouvrir notre commerce. Tous les marchands anglois seront pour nous ; car ils aimeront mieux le commerce et la paix, que la guerre sans le commerce. Si l'Angleterre n'accepte pas nos offres , nous nous adresserons à d'autres puissances.

Je m'arrête. Comme depuis les premières éditions de ce pamphlet , personne n'a encore entrepris d'en réfuter les principes, c'est une preuve négative qu'ils sont irréfragables , ou que le parti qui les soutient est trop nombreux pour qu'on ose l'attaquer. Ecartons donc désormais les soupçons et la méfiance. Que chacun prenne amicalement son voisin par la main , et qu'on se fasse un devoir d'oublier les causes funestes de nos dissensions. Que les noms de Whig et de Tory soient effacés. Ne connoissons plus d'autre distinction que celle de bon

citoyen, d'ami courageux, de défenseur
vertueux des Droits de l'Homme, et
des États libres et indépendans de
l'Amérique.

―――――――――――――――――――

*Aux Représentans de la société reli-
gieuse des Quakers, ou à ceux de cette
société qui ont publié l'écrit intitulé:* « L'AN-
» CIENNE PROFESSION DE FOI ET LES PRIN-
» CIPES DU PEUPLE , *appellé les Quakers,*
» *renouvellés par rapport au roi et au*
» *gouvernement, à l'occasion des troubles*
» *qui désolent la Pensylvanie et les au-*
» *tres parties de l'Amérique, et adressé*
» *au peuple d'Angleterre* ».

L'AUTEUR de cet Écrit est un de ces hommes
qui ne déshonorent jamais la religion par des
plaisanteries sur les dénominations des sec-
tes. Tout homme doit répondre à Dieu seul,
non aux autres , de sa religion. Je vous
adresse donc cette épître, moins comme à une
société religieuse que comme à un corps
politique , qui veut se mêler de choses que
ses maximes et son amour connus pour la
paix auroient dû lui interdire.

Puisque sans aucune autorité, le fabrica-
teur du pamphlet auquel je réponds a pris

la parole au nom de tous les quakers, je me
crois à mon tour obligé de répondre pour
tous ceux qui approuvent les écrits et les
principes contre lequel votre témoignage est
dirigé. Je me mets dans cette singulière situation, afin que vous puissiez appercevoir en
moi cette présomption que vous ne voyez
jamais en vous; car ni vous, ni moi, ne
pouvons avoir droit à réclamer le titre de
représentans politiques.

Quand des hommes s'écartent du droit
chemin, il n'est pas surprenant qu'ils trébu-
chent et qu'ils tombent. Il est évident par la
manière dont vous avez arrangé votre *profession de foi*, que, comme société religieuse,
la politique n'est pas le chemin qui vous
convient. Quoique votre écrit vous paroisse
sage et digne de vous, ce n'est qu'un mé-
lange de bon et de mauvais mal assorti, et
la conclusion que vous en tirez est injuste
et dénaturée.

Nous approuvons les deux premières
pages; (le tout n'en contient pas quatre)
nous les approuvons, dis-je, et nous
espérons que vous nous rendrez la justice de croire que nous pensons ce qu'elles
contiennent, car l'amour de la paix n'est

point renfermé dans le seul quakerisme ;
c'est le desir naturel des hommes de
toutes les religions : et nous, qui faisons tant
d'efforts pour établir une constitution indépendante, nous devons plus que tous les
autres espérer et desirer la paix. *Notre plan
est une paix éternelle.* Nous sommes las
de nos contentions avec l'Angleterre , et
nous sentons bien que nous ne pouvons y
mettre fin qu'en nous séparant tout-à-fait
d'elle. Nous agissons conséquemment ; car
c'est pour obtenir une paix solide , une paix
durable, que nous supportons les fatigues et
les dangers actuels. Nous voulons avec per-
sévérance rompre des liens qui ont déjà
fait ensanglanter ces contrées, et dont le
seul souvenir peut être cause de nouvelles
infortunes.

Nous ne combattons ni pour nous venger
ni pour conquérir, ni par orgueil ni par
passion. Nous n'insultons pas le monde avec
nos flottes et nos armées. Nous ne parcou-
rons pas le globe pour le ravager et pour
le piller. On vient nous attaquer à l'ombre
de nos arbres, jusques sous nos toits. Enfin
c'est dans nos propres champs qu'on nous
poursuit avec violence. Nos ennemis se

montrent à nous en brigands, en voleurs de grands chemins. Ne pouvant avoir recours aux loix pour les faire punir, nous sommes obligés d'employer les forces pour les repousser, et l'épée remplace la corde. Peut-être les maux des infortunés que cette guerre fait gémir d'un bout à l'autre du continent, nous inspirent une pitié qui n'a point encore pénétré dans le cœur de quelques-uns de vous. Mais êtes-vous certains que vous ne vous méprenez pas vous-mêmes sur la cause de votre *profession de foi*? Ne l'appellez point sérénité d'ame, calme religieux. Ne mettez point le bigot à la place du chrétien.

O vous, ministres partiaux, dont les principes sont si connus! avouez que si c'est un péché de prendre les armes, c'en est un plus grand de commencer la guerre. Une attaque injuste est bien autre chose qu'une inévitable défense. Si vous prêchez réellement d'après votre conscience; si vous ne voulez pas vous servir seulement de la religion pour étayer les maximes d'une mauvaise politique, tâchez de convaincre le monde de la vérité de votre doctrine. Faites-la entendre à nos ennemis, car eux aussi *ont pris*

(111)

les armes. Donnez-nous une preuve de votre sincérité, en vous faisant entendre à Saint-James, en vous adressant aux commandans en chef qui sont à Boston, aux amiraux, aux capitaines de vaisseau qui viennent en pirates ravager nos côtes, et à tous les assassins qui commettent des massacres sous l'autorité du roi, que vous déclarez servir. Si vous aviez l'honnêteté de Barclay (1), vous prêcheriez la repentance à votre roi; vous lui diriez........... vous l'avertiriez de sa perte éternelle.

---

(1) « Tu as goûté de la prospérité et de l'adversité.
» Tu sais ce que c'est que d'être banni de son pays
» natal, d'être gouverné, comme de gouverner et d'être
» mis sur le trône. Long-temps opprimé, tu dois con-
» noître combien l'oppresseur est en exécration à Dieu
» et aux hommes. Si après tous ces avertissemens, tu
» ne reviens pas à Dieu du fond de ton cœur; si tu
» oublies celui qui s'est souvenu de toi dans tes mal-
» heurs, et si tu t'abandonnes à la débauche et à la va-
» nité, certes ton châtiment sera terrible. Si tu veux
» éviter les embûches de ceux qui cherchent à te sé-
» duire et à te porter au mal, le meilleur moyen
» c'est d'avoir recours à la lumière du Christ, qui brille
» dans ta conscience, qui ne te flattera jamais, et qui
» ne souffrira point que tu sois en paix au sein du péché».
  Adresse de Barclay à Charles II.

Il ne faudroit pas prodiguer vos saintes invectives aux malheureux seuls, aux opprimés : mais en ministres fidèles, vous devriez élever la voix et n'épargner personne. Ne dites point que vous êtes persécutés. Ne vous efforcez pas de nous attribuer un reproche que vous vous faites vous-mêmes ; car nous attestons publiquement que nous ne nous plaignons pas que vous soyez quakers : nous nous plaignons seulement de ce que vous prétendez l'être, et ne l'êtes pas.

Hélas ! il semble par quelques passages de votre *profession de foi*, et quelquefois par votre conduite, que tous les péchés se réduisent à celui de prendre les armes, et que ce n'est un péché que quand c'est le peuple qui les prend. Mais vous vous êtes mépris, et en général vous n'êtes pas conséquens. Il nous est impossible de croire beaucoup à vos scrupules, parce que nous voyons qu'ils partent des mêmes hommes qui, dans le même temps qu'ils déclament contre le Mammon de ce monde, en poursuivent tous les avantages avec une constante avidité.

Le passage que vous avez cité des proverbes, dans la troisième page de votre *pro-*

fession

ſession de foi, qui dit que —« quand un hom-
» me marche dans les voies du seigneur, le
» seigneur fait qu'il est en paix avec ses
» ennemis », —— est très-mal choisi par
vous; car il prouve que le roi que vous
avez tant d'envie de défendre, ne plaît point
au seigneur : s'il lui plaisoit son règne
seroit en paix.

J'en viens à présent à la dernière partie de
votre *profession de foi,* cette partie à laquelle
tout le reste n'est qu'une introduction.

« Depuis que nous avons été appellés à
» suivre la lumière du Christ, dites-vous,
» notre jugement et nos principes ont tou-
» jours été, ainsi que nous l'avons manifesté
» dans notre conscience jusqu'à ce jour ,
» que Dieu seul, par des raisons qu'il garde
» dans sa sagesse , a le droit d'élever et
» d'abaisser les rois , et que ce n'est point
» à nous à nous occuper de ces choses, et
» à nous mêler dans des complots , qui
» pourroient occasionner la perte d'aucun
» d'entr'eux. Nous ne devons que prier pour
» le roi , pour la prospérité de la nation et
» pour le bien de tous les hommes. Nous
» devons chercher à vivre en paix , à vivre
» honnêtement et saintement, sous le gou-

H .

» vernement que Dieu s'est plu à établir sur
» nous ».

Si tels sont effectivement vos principes,
pourquoi ne vous y renfermez-vous pas ?
Pourquoi ne laissez-vous pas à Dieu le soin
de régler ce que vous appellez l'ouvrage de
Dieu ? Ces principes vous prescrivent d'attendre avec patience, avec humilité, l'effet
des mesures publiques et de les recevoir
comme venant de Dieu. Si vous croyez
véritablement ce que votre *profession de
foi* contient, comment avez-vous pu la
publier ? Mais le parti que vous avez pris
de la publier, prouve ou que vous ne
croyez point ce que vous professez de croire,
ou que vous n'avez pas assez de vertu pour
pratiquer ce que vous croyez.

Les principes du quakerisme sont de rendre
ceux qui les professent sujets tranquilles et
innocens du gouvernement quel qu'il soit.
Si l'élévation ou l'abaissement des rois n'appartient qu'à Dieu seul, il ne souffrira
certainement pas que nous lui dérobions ce
privilège. Or, ce principe vous conduira à
approuver tout ce qui est arrivé ou peut
arriver aux rois, comme étant l'ouvrage
indispensable de Dieu. Olivier Cromwel

vous remercie ; car , suivant vous , Charles premier ne mourut pas par la main des hommes ; et si l'orgueilleux imitateur de Charles éprouve le même sort, les auteurs de la *profession de foi* seront forcés d'y applaudir, d'après la doctrine que contient leur pamphlet.

Non , les rois ne sont pas détrônés par des miracles ; et tous les changemens qui surviennent dans les gouvernemens s'opèrent par des moyens ordinaires , et tels que ceux que nous employons en ce moment. La dispersion même des Juifs , quoique prédite par le Sauveur ; fut l'ouvrage des armes.

Si vous ne croyez pas à ces moyens, vous ne devez pas vous en mêler , et il faut que vous attendiez en silence l'événement ; et à moins que vous ne montriez un signe authentique de l'autorité divine, qui prouve que Dieu, qui a placé ce nouveau monde à une si grande distance de l'ancien , ne veut pourtant pas qu'il soit indépendant de la cour perverse et abandonnée de la Grande-Bretagne ; à moins , dis-je , que vous ne fournissiez cette preuve, comment pouvez-vous, d'après vos principes , pousser , exciter les Américains « à se fortifier mutuellement dans la haine des écrits et de toutes

» les mesures qui pourroient nous porter à
» rompre les heureux liens qui nous ont
» unis jusqu'à présent à la couronne de la
» Grande-Bretagne, et à manquer à la juste
» subordination que nous devons au roi,
» et à ceux qu'il a légitimement investis
» d'une partie de son autorité » ?

Quel soufflet on se donne ici! Les hommes qui ont plus haut reconnu tranquillement et paisiblement que Dieu seul devoit se mêler de ce qui concerne les rois et les gouvernemens, abjurent presqu'aussi -tôt leurs principes, et veulent intervenir dans l'ouvrage de Dieu ! Est-il possible qu'une telle conclusion puisse dériver de la doctrine que vous avez établie? L'inconséquence est trop frappante pour ne pas être apperçue; l'absurdité trop grande pour ne pas apprêter à rire à vos dépens, et telle enfin qu'elle ne peut provenir que d'un esprit étroit, obscurci par les préjugés, et aigri par la partialité. Il est bon d'observer, d'ailleurs, que les auteurs de l'écrit ne sont pas regardés comme formant toute la société des quakers, mais comme une partie très-exiguë et très-factieuse de cette société.

Je finis l'examen de votre pamphlet,

que je n'invite personne à abhorrer, à votre exemple, mais à lire et à juger avec équité. J'y joindrai encore la remarque suivante : c'est que l'élévation et l'abaissement des rois, signifie certainement le pouvoir de faire un roi de celui qui ne l'est pas, et de faire cesser de l'être celui qui l'est. Or, dites-moi, je vous prie, quel rapport cette maxime a avec les affaires actuelles? Nous ne voulons élever ni renverser, faire ni défaire des rois; nous voulons seulement n'avoir rien à démêler avec eux. Ainsi votre écrit, de quelque côté qu'on le considère, ne sert qu'à déshonorer votre juge-ment; et vous auriez dû, par beaucoup d'autres raisons, le cacher au lieu de le publier.

Premiérement, il ne peut que nuire à la religion en général, et il est du plus grand danger pour la société, parce qu'il n'est bon qu'à créer de nouveaux partis, et à augmenter les disputes politiques.

Secondement, il semble partir d'une so-ciété d'hommes, dont la plupart le désa-vouent et désapprouvent sa publication.

Troisiémement, il est propre à détruire cette harmonie, cette amitié continentale, que vous mêmes, par votre charité et vos dons généreux, vous avez naguère encore aidé à établir, et dont la conservation est de la plus grande conséquence pour les habitans de ces contrées.

Ici, toujours sans colère et sans ressentiment, je vous fais mes adieux, desirant sincérement que vous puissiez toujours pleinement jouir de tous les droits civils et politiques , qui appartiennent à des hommes et à des chrétiens : puissiez-vous même à votre tour concourir à les assurer aux autres ! et que l'exemple que vous avez imprudemment donné, en mêlant la religion à la politique, soit à jamais désavoué, et blâmé par tous les habitans de l'Amérique !

F I N.

TABLE
DES CHAPITRES.

Fin de la Table.